考古杂采

张庆捷 著

凤凰枝文丛／孟彦弘 朱玉麒 主编

凤凰出版社

图书在版编目（CIP）数据

考古杂采 / 张庆捷著. -- 南京 : 凤凰出版社, 2021.8
（凤凰枝文丛 / 朱玉麒, 孟彦弘主编）
ISBN 978-7-5506-3444-2

Ⅰ. ①考… Ⅱ. ①张… Ⅲ. ①考古学—中国—文集 Ⅳ. ①K870.4-53

中国版本图书馆CIP数据核字(2021)第095569号

书　　名	考古杂采
著　　者	张庆捷
责任编辑	张永堃
特约编辑	孙思贤
书籍设计	徐　慧
出版发行	凤凰出版社(原江苏古籍出版社) 发行部电话025-83223462
出版社地址	江苏省南京市中央路165号,邮编:210009
出版社网址	http://www.fhcbs.com
照　　排	凤凰零距离数字印前中心
印　　刷	苏州市越洋印刷有限公司 江苏省苏州市吴中区南官渡路20号　邮编:215104
开　　本	880毫米×1230毫米　1/32
印　　张	9.75
字　　数	195千字
版　　次	2021年8月第1版
印　　次	2021年8月第1次印刷
标准书号	ISBN 978-7-5506-3444-2
定　　价	68.00元 (本书凡印装错误可向承印厂调换,电话:0512-68180638)

张庆捷

张庆捷，山西省考古研究院研究员，曾担任山西省考古研究所所长、书记。兼任北京师范大学历史学院“双一流”特聘教授，山西大学和大同大学特聘教授，山西大学博士生导师，德国慕尼黑大学世界古典文明研究中心特邀研究员，中国考古学会三国至隋唐考古专业委员会副主任，中国考古学会丝绸之路考古专业委员会副主任。主要研究方向为北朝隋唐考古与丝绸之路考古，发表论文百余篇，出版《太原隋虞弘墓》《黄河漕运遗迹——山西段》《民族汇聚与文明互动》《解读虞弘墓》《走向大唐》等著作。

弁 言

“凤凰台上凤凰游”，是李白《登金陵凤凰台》之诗句，昔年我江苏古籍出版社立足南京、弘扬文史，而更名所由也。

“碧梧栖老凤凰枝”，是杜甫《秋兴八首》所吟咏，今日我凤凰出版社为学林添设新枝，而命名所自也。

30 多年来，凤凰出版社围绕中华传统优秀文化，彰显传承文明、传播文化、服务大众、贡献学术的出版理念，坚持以整理出版中国文、史、哲古籍及其研究著作为主的专业化方向，蒙学界旧雨新知之厚爱、扶持，渐已长成“碧梧”，招引了学界“凤凰”翩然来栖。箫韶九成，凤翥凰翔！嘤其鸣矣，求其友声！

“凤凰枝文丛”是本社与学界同人共同打造之文史园地，除学术研究论文外，举凡学人往事、经典品评、学术札记之文化随笔，旧学新知，无所不包。是作者出诸性情而诗意栖息之地，读者信手撷取而涵泳徜徉之处。

“凤凰鸣矣，于彼高冈。梧桐生矣，于彼朝阳。”

愿“凤凰枝文丛”成为我们共同的文化家园。

2019.5.22

自序

本书名曰《考古杂采》，顾名思义是一些贴近考古又杂七杂八且不成系统的文字。全书分三部分，第一部分为《走进古代》，收集几篇旧作，或谈考古收获，或是对某一历史现象与人物的探讨。第二部分为《丝路纪行》，几篇小文皆依据出土资料，围绕丝绸之路而作，也有对粟特故地的走访与感触。第三部分为《漫谈杂忆》，乃几篇书评和序言，也有对黄河栈道考古调查以及考古前辈的追忆。需要说明，有些文章与当初发表之作有体量上的差别，也有认识上的差别。

考古是一门特殊的学科，学科性质决定了必须立足田野，因此一半多的时间远离家庭，在外面奔波。标配工具是巴掌大的手铲，整天和墓葬、遗址打交道，研究对象不是遗址和遗迹，就是陶片或者其他出土器物。然而，凡事有弊则有利，危难与收获并存。一个事实是，入行时间越长，就会对考古越痴迷。考古有一种难以言喻的魅力，使你不知不觉喜欢上它。出土器物乍看没有感觉，慢慢就会看出门道，即使普通陶片，也是无字史书，承载着丰富的社会信息，其内涵并不逊于历朝历代的正史，陶片摸多了，自然看得出它的演变轨迹。而且出土器物各色各样，涵盖古代社会各阶层，既有达官贵人的手笔，也汇集了普通民众的智慧。当然，前提是能够释读器物信息，这既需要专业训练，也需要经年累月积淀的功力。

近数十年，我国经济发展迅猛，基建考古任务繁重，几乎每年每月都有新发现，提供了不计其数认识古代社会的新资料，这些实物资料既可信又不见于史书记载，对于探索古代文明的发展脉络，均是不可或缺的重要资料。这就是绝大多数考古人喜爱考古的缘故。著名考古学家李伯谦先生曾经说过："科学就是发现问题和解决问题，而考古不断产生新的发现，提出新的问题，这就是考古趣味所在。"（引文与原话有些出入，仅是大意）考古新发现层出不穷，甚至有的令人瞠目结舌，比如著名的三星堆遗址。

科学面对的是现代未知的世界，而考古面对的是过去未知的世界，对于古代某些历史阶段与局部面貌，现代人已经模糊甚至部分"失忆"，考古就是利用发掘出土的实物资料，重构古代文明发展的历史，寻找逝去的记忆，或见证一个时期的生产水平，或还原一个事件和历史细节，或表明一段文化交流。这是一项艰巨伟大的任务，需要无数人毕生的研究，方可接近历史事实。作为历史阶段考古，除了器物，尚有许多文字资料，如甲骨文、金文、简牍文书、碑刻墓志。对于这些出土的文字资料，也需要整理诠释。我的个别文章，便是试图解读古代墓志。

总之，这本小册子内容零碎，有新有旧，林林总总，有它不多，无它不少。有的差强人意，有些令人汗颜，难登大雅之堂。不过对于不喜大餐、偏爱素淡小菜的读者，也许有所益处，至少有助于他们了解考古人的生活片段和所思所想，同时，该书反映了一个考古人的成长踪迹和心路历程，这就是我参编此书的初衷。

本书在编辑核对资料过程中，曾得到朱玉麒、孟彦弘、张建林、胡峰诸先生的帮助，一并表示由衷的感谢。

2021 年 4 月 20 日于大同大学同和苑

目录

第三辑　漫谈杂忆

第一辑 走进古代

山西省汉唐美术考古新收获

1990 年以来，山西省的考古工作者又调查发掘了一批汉唐时期的遗址和墓葬，发现和出土了许多关于美术考古的实物资料，现择其精品予以介绍，希望有助于汉唐美术考古的研究。

美术作品是美术考古的重要组成部分，1997 年，在离石市城西石盘村清理了一座东汉画像石砖石墓，共有 19 块画像石，均为红褐色砂岩质页岩，浅浮雕，上又施墨绘。内容有车骑出行、西王母、持慧门吏、东王公、持盾门吏、朱雀、兽衔环、绶带穿璧、马、牛、车、牛首神人、鸡首神人、大马等。

北魏前期的墓葬壁画在大同市又有发现，北魏定都平城近百年，在平城及周围留下许多墓葬，1995 年发掘的怀仁县丹阳王墓就是其中的一个，该墓是个多室墓，墓砖上有“丹阳王”三字，《魏书》不载此人。此墓早年曾遭

图一　怀仁县北魏丹阳王墓壁画

破坏，现已是空墓，只是在甬道上还残留着少数壁画，其中有幅天王武士图保存较好（图一），是较珍贵的资料。

1997 年，大同市考古研究所配合基建工程，曾在南郊智家堡抢救性发掘一座北魏墓，内有一石椁，椁壁四周和顶部皆绘有壁画，共 5 幅，色彩鲜艳，内容丰富，画

图二　大同智家堡北魏墓石椁壁画墓主人图

面直接绘到取平的石壁上，有牛车图、牵马图、墓主夫妇图、侍者图、羽人图、花草树木、忍冬纹等，最醒目的是北壁的墓主夫妇图，该壁共绘人物9人，画面中部为一男一女，坐于榻上，面向墓门，当为墓主夫妇二人。身后有屏风，屏风后半露侍者3人，另在墓男主人之侧有2位男侍者，在女主人之侧有2位女侍者，皆鲜卑衣装（图二）。这批壁画的发现，对了解北魏迁洛前的美术和社会生活都有很大的借鉴价值。

2000年夏季，山西省考古研究所和大同市考古研究所在大同市雁北师院扩建土地上，联合发掘了一个北魏墓

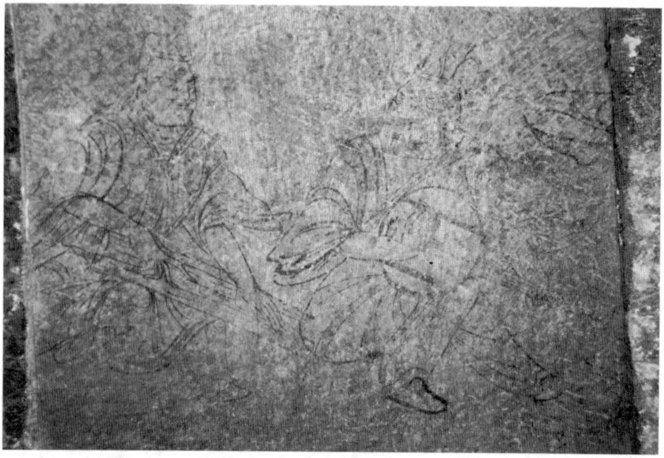

图三 大同北魏宋绍祖墓石椁北壁高士抚琴图

群，共发掘北魏前期墓葬11座，其中5号墓有明确纪年，为“大代太和元年”。该墓还出土一个前廊后室的石椁，椁外四面雕有兽头铺首，椁内左壁、后壁、右壁绘有壁画，因年久岁深，水浸土蚀，画面已不清晰，无底色，均是直接在石壁上用墨线勾勒其轮廓，衣物部位再施红彩。观其内容为：左壁画面是五人在舞蹈跳跃，均穿交领宽袖长袍，似汉族服装。正壁画面有两个博衣广袖、面相丰满的汉族中年男子席地而坐，正在奏乐，左方之人面露笑容，膝上平放一筝，双手正在抚弦弹拨。右方之人留有长须，回首笑望着他，双手拨弄着一个架在膝上的月琴（图三）。右壁画面漫漶不清，只能看到有一老人坐于石上，下方跪着一人。三壁画面整体风格都接近魏晋，当是魏晋绘画艺术在平城地区的自然延续。

1999 年夏，山西省的考古工作者在太原晋源区王郭村发掘了隋代虞弘墓，出土一座汉白玉石质的歇山顶式浮雕彩绘石椁。石椁四周内外皆为雕绘，由五十多个单体图案组合而成，具体有宴饮图、乐舞图、射猎图、家居图、行旅图等。图中人物大多数深目高鼻黑发，属于地中海高加索人种。其服饰、器皿、乐器、舞蹈以及花草树木等，均源于波斯与粟特诸国，典型的有带绶鸟、带绶马、“胡腾舞”和带端为扇形的飘带及长帔等，有些画面甚至和祆教有关，对研究祆教美术与古代西域（包括中亚）艺术有极重要的意义。

如在石椁后壁东部，有一图案，高约 96 厘米，宽约 66 厘米，画面是一幅骑驼猎狮图（图四）。在石椁后壁中部，有一个高 96 厘米，宽 100.15 厘米的雕绘画面，正对着椁门，是所有图案中面积最大、人物最多的一幅图案。图案中部是一大毡帐的后半部，亭前平台上，坐着一男一女，男左女右，似为夫妻。男者头戴冠，右手端着一只碗。女子面对着他，曲腿坐于平台上，头戴花冠，右手举一高脚酒杯。在二人后侧，各有两名男女侍者，两两相对。在主人和侍者前面，还有很大场地，场地上有六名男乐者，分左右跪坐于两侧，乐者之间还有一大片空地，有一男子正在中间跳着“胡腾舞”，组成一个欢乐祥和的宴乐场面

图四　石椁东部北侧图案

图五　石椁后部中间图案

(图五)。在石椁后壁西部，有一个高96厘米，宽49厘米的雕绘图案，画面中部为一人乘象杀狮的场面。椁座上还有一些乐舞图，也很精彩。这几幅画比较典型，可以说是粟特美术在中国的代表作品。

唐代的线刻和壁画也有发现。1995年秋，山西省考古研究所在万荣县皇甫乡皇甫村南发掘了唐代薛儆墓，该墓墓志述道，薛儆死于开元八年（720）十二月七日，开元九年（721）“归葬于万泉之孤山”。该墓墓室西侧放置一青石质的庑殿顶式石椁，石板内外则雕刻着供侍人物、门窗等图案，倚柱内外则雕刻出各种花草、鸟兽等纹饰。这些线刻图案线条流畅，极为生动。其中刻在墙体石板上的侍者人物图最引人注目：侍者皆为立像，高在 1 米上下，有男有女，女的均为侍女，或拱手侍立，或手握团扇，或捧碗、捧盒、捧包袱、持莲花等，共 19 位。个个体态轻盈，容貌秀丽。最典型的是一拈花侍女，侧身而立，头挽螺髻，露出一串珠饰，身着束胸长裙，肩披长帔，右手在腹前插入长帔之中，左手上抬胸前，捏一朵开放着的莲花，吸引着一只花翅膀蝴蝶在莲花上飞舞，侍女身体前倾，目光如水，温柔地注视着蝴蝶，画面构思巧妙精美，构成一幅人与自然和谐融汇的生活画面。有位持扇仕女也很高雅，该仕女头梳高髻，面庞腴润，弯眉凤目，鼻直口小，身着低领袒胸宽袖长衫，丰乳半现，双手轻握一椭圆形团扇（图六），透着一股清新脱俗之气，体现了该时期的一种审美观念和美的时尚。

除雕塑绘画作品外，近年还发现有优秀的古代书法作品，代表性的如北魏文成帝拓跋濬的《南巡碑》。碑虽已残缺，但仍存碑文 2600 余字，这是现存唯一的一通关于北魏皇帝巡视的碑，碑文中不仅保留了大批北魏前期已失传的官爵，是研究北朝前期民族融合的极重要资料，而且从书法角度讲，乃早期楷书的代表作品，其以隶书笔意写楷书，多用方笔，笔力沉实，行笔自然，端严而古朴，结

图六　薛儆墓石椁第一位持扇侍女

构上紧下松，既宽纵，又沉稳。笔道遒劲，书法艺术很高，无疑代表了当时的最高水平。

美术工艺品在近年考古发掘中出土了不少，这些工艺品包括精美的建筑模型、构件、各类陶俑、石制品、金银制品等。近年考古工作者在配合大同雁北师院扩建工程中，在11座北魏墓中共出土各类文物300余件，有各种陶质彩绘人物俑、镇墓兽俑、陶壶、罐、漆盘、银镯、铁镜、琥珀饰件、陶制牛车、毡帐、牛、马、骆驼、虎、猪、羊、灶、碓、石磨、石灯台及墓铭砖等。其中M2出土的一群陶俑很有特色，共8件，高约20余厘米，均为成年男性，身材粗壮，小腹前凸并稍下沉，头戴圆顶帽，帽后有裙，个个面相丰满，浓眉大眼，深目高鼻，不见胡须，面带微笑，神态安详，身着圆领窄袖红地带花长袍，脚蹬黑色长靴。八人中，六人作鼓掌状，但鼓掌姿势各异，有的双掌位于胸前，有的高举过肩，有的位于腹前。还有一人，一手伸于嘴前，一臂下垂于身侧，似正全神贯注地在欣赏。还有一人，最为特殊，高约26厘米，身体壮实，是这批杂技俑中的主角，他脸向上仰，左手叉于腰后，右手置于额上，上身微倾，两腿略曲，分开站立，似很吃力，额上支竿，两个小俑正在竿上表演，这即是后世杂技中的“顶竿”项目。该墓还出土了两个陶质毡帐模型，一个下为圆形，顶为拱形，直径24.6厘米、高18.2厘米，一个下为长方形，顶为圆脊，前后坡形，底边长23.4厘米、宽

25.3 厘米、高 25.5 厘米。在后一种毡帐上，除顶部有两个天窗外，在门之侧还开有长方形窗户。由于中原与游牧民族关系紧密，因此关于毡帐的记载史不绝书，但是方、圆两种毡帐的实物模型，以前很少出土，无疑是研究游牧民族生活的珍贵资料。在出土众多俑中，还有一种舞蹈俑，头戴顶部有十字、后有裙的鲜卑帽，身穿交领窄袖长袍，颈上带有项链，面庞长圆，慈眉善目，嘴唇带笑微启，鼻挺耳大，满面春风，其神态面相与同时期云冈石窟的佛像非常近似。所不同的是，这是一个舞者，轻舒双袖，一高一低，正在表演，草原文化味道较浓。

1998 年，阳高县也清理出一座遭破坏的墓葬，乃北魏延兴六年（476）墓，出土一批陶俑和一块颇有特色的墓志砖。陶俑多为彩绘坐式伎乐俑，与雁北师院北魏墓的伎乐俑相同。墓砖极为罕见，青砖质，略发白色，四侧磨光，两头均精雕花纹，分上下两块，上面一块长 29.5 厘米、宽 15 厘米、厚 5 厘米，下面一块为长 29.5 厘米、宽 15 厘米、高 7.2 厘米，均为一面磨光，一面不磨。磨光面很特殊，两长边修为锯齿状，两短边为光边，四边均宽 3 厘米，中部磨为光面，上下光面相合，齿齿相扣，严丝合缝，虽为两砖所制，亦极精致罕见。在上者一块，仅有光面，而无文字，在下者一块，光面上有四行文字，今录于下："维大代延兴六年岁次丙辰六月 / 己未朔七日乙丑元雍州河北郡 / 安戎县民尚书令使陈永丙命 / 妇刘夫人之铭记。"

太原北齐墓葬近年发掘了不少，出土许多美术精品，其中贺拔昌墓出土的一件骑马陶质人物俑极有特色，通高25厘米、长22.5厘米，在一匹健壮的骏马背上，坐着一位游牧民族的骑士，身材肥胖，头梳长发，分十三辫，拢在背后，圆头圆脑，面向上仰，穿一件圆领窄袖宽肥红袍，脚蹬马镫。两手一手牵缰绳，一手举向嘴边，其他两指弯曲伸进嘴里，作打唿哨状。神情自然，似乎行走在一望无际的茫茫草原上，四顾无人，打口哨作乐。此人从背后看，臀部、腰部、腿部格外丰肥，但从整体观察，毫无肥拙累赘之感，反而强烈地表达了一种乐观旷达的性格和一种野性的自然美。

永济唐代黄河蒲津渡遗址上的四组铁牛、铁人也是难得一见的大型铁质工艺品，1999年，随着考古发掘和保护工程的开展，我们对其美术特色有了更深刻的认识。尽管每只牛重达50余吨，但丝毫不显笨重，反而更显雄浑健壮，尤其是牛首，双角弯翘，双目炯炯有神，鼻孔似在翕动，嘴巴似在嚼食，可谓形神兼备，毫不亚于韩滉笔下之牛。四位牵牛人服饰、神态各异，是多民族大家庭的反映，也是体健神扬，充满活力。充分表明了唐代生铁铸造和造型艺术的水平。

本文原载*Orientations*，Volume 34，No.5，May，2002

山西北朝唐代名酒考略

山西历史上盛产名酒，酒文化源远流长，可以追溯到五千年前的新石器时期。但是山西出产的酒成为全国名酒，却是在北朝隋唐时期。北魏至唐代，山西出现三种名酒，即桑落酒、汾清酒和葡萄酒。按出现时间前后考述如下。

一是在北魏中期形成的桑落酒。桑落酒是山西省最早出现的历史名酒，产于河东蒲州。《水经注·河水四》载："民有姓刘名堕者，宿擅工酿，采挹河流，酝成芳酎。悬食同枯枝之年，排于桑落之辰，故酒得其名矣。" 北魏人杨衒之《洛阳伽蓝记》卷四也记载："市西有延酤、治觞二里，里内之人，多酝酒为业。河东人刘白堕，善能酿酒。季夏六月，时暑赫晞，以罂贮酒，暴于日中。经一旬，其酒味不动，饮之香美，醉而经月不醒。京师朝贵，出郡登藩，远相饷馈，逾于千里。以其远至，号曰'鹤觞'，亦名'骑驴酒'。永熙年中，南青州刺史毛鸿宾赍酒之藩，路逢贼盗，饮之即醉，皆被擒获，因复名‘擒奸酒’。游侠语曰：‘不畏张弓拔刀，唯畏白堕春醪。’”这里提及的“骑驴酒”“擒奸酒”或“鹤觞”，就是桑落酒。宋代叶梦得《避暑录话》卷上：“白堕酒，当时谓之鹤觞，谓其可千里遗人，如鹤一飞千里。”

在朝廷，此酒备受青睐，《魏书·汝南王悦传》载：“清河王怿为元叉所害，悦了无仇恨之意，乃以桑落酒候伺之，尽其私佞。”细细分析此段话，间接反映出，此酒很可能产量有限，并不能满足市场需要，因此在朝廷大臣中，此酒也是较为罕见，因此才能作为贿物送给元叉。

北魏分裂为东西魏，随后成为北齐北周，桑落酒坊被北周占领，得到北周武将文人的喜爱。北周大诗人庾信写了许多赞美桑落酒的诗词，如：

1.《卫王赠桑落酒奉答诗》：

愁人坐狭斜，喜得送流霞。
跂窗催酒熟，停杯待菊花。
霜风乱飘叶，寒水细澄沙。
高阳今日晚，应有接篱斜。

2.《就蒲州使君乞酒》：

蒲城桑叶落，灞岸菊花秋。
愿持河朔饮，分劝东陵侯。

3.《蒲州刺史中山公许乞酒一车未送》:

秋桑几过落，春蚁未曾开。

只言千日饮，旧逐中山来。

直到唐宋，桑落酒仍然是天下名酒，唐诗中收录不少有关桑落酒的诗，如：

1. 白居易《刘苏州寄酿酒糯米李浙东寄杨柳枝舞衫偶因尝酒试衫辄成长句寄谢之》(刘苏州：苏州刺史刘禹锡。李浙东：浙东观察使李绅):

柳枝慢踏试双袖，桑落初香尝一杯。

金屑醅浓吴米酿，银泥衫稳越娃裁。

舞时已觉愁眉展，醉后仍教笑口开。

惭愧故人怜寂寞，三千里外寄欢来。

2. 白居易《西楼喜雪命宴》:

宿云黄惨澹，晓雪白飘飘。

散面遮槐市，堆花压柳桥。

四郊铺缟素，万室甃琼瑶。

银榼携桑落，金炉上丽谯。

光迎舞妓动，寒近醉人销。

歌乐虽盈耳，惭无五袴谣。

3. 白居易《房家夜宴喜雪戏赠主人》：

风头向夜利如刀，赖此温炉软锦袍。

桑落气薰珠翠暖，柘枝声引管弦高。

酒钩送盏推莲子，烛泪粘盘垒蒲萄。

不醉遣侬争散得，门前雪片似鹅毛。

有关桑落酒的诗还有许多。即使在史书中，也有桑落酒的记载，如《旧唐书·职官志》记载："若应进者，则供春暴、秋清、酴醾、桑落等酒。"文中的秋清，怀疑就是汾清酒。

山西历史上第二种名酒是北齐汾清酒。北魏末期，高欢控制洛阳，下令迁都邺城，拉开东西魏分裂的序幕。为利于作战，高欢将大丞相府设在晋阳，晋阳成了实际的政治军事中心。北齐建立，直接将晋阳定为别都。高氏父子及其部下都喜欢饮酒，无日不饮。斛律金的儿子斛律羡曾写过一首诗刺讽时政。其词云："朝亦饮酒醉，暮亦饮酒醉。日日饮酒醉，国计无取次。"（《酉阳杂俎》四，《太平广记》二百六十五卷。）君臣如此喜酒，一是因为饮酒是马背民族的传统习俗，二是在晋阳附近的汾州杏花村，发现一种胜过桑落酒的好酒，即汾清酒。如果说桑落酒是全国名酒，那汾清酒就是专供皇家的御酒。北齐皇帝不仅自己常喝，还将此酒推荐给远在邺城的侄子。《北齐书》卷十一载："河南康舒王孝瑜，字正德，文襄长子也，初封河南郡公，齐受禅，晋爵为王。历任中书令、司州牧。初，孝瑜养于神武宫中，与武成同年相爱。将诛杨愔等，孝瑜预其谋。乃武成即位，礼遇特隆。帝在晋阳，手敕之曰：‘吾饮汾清二杯，劝汝于邺酌两杯。’其亲爱如此。”皇帝直接推荐好酒，在史书中罕见记载，也从另一个角度说明此酒非常出色，否则皇帝不会这样推荐。

近年在太原附近发掘不少北齐墓葬，常见伴随酒杯或酒具，也有饮酒图出现，如在太原王家峰北齐徐显秀墓壁画中，即有墓主人饮酒图。墓主人徐显秀爵位武安王，官居太尉，即军事最高长官，因此推测，以他的爵职档次，他平日饮酒，就应该是汾清美酒。

汾清美酒在北朝文献明确记载的不多。在北朝《齐民要术》中，专门有北朝酿酒法，提到多种酒的酿制方法，其中自然当有汾清酒。

汾州盛产美酒，在历史上多见记载，如唐代李肇著《唐国史补》所载唐代名酒有：“郢州之富水，乌程之若下，荥阳之土窟春，富平之石冻春，剑南之烧春，河东之干和、蒲萄，岭南之灵溪、博罗，宜城之九酝，浔阳之湓水，京城之西市腔，虾蟆陵之郎官清、阿婆清。又有三勒浆类酒，法出波斯，三勒者，谓庵摩勒、毗梨勒、诃梨勒。”

这里提及的干和酒即乾和酒，就是汾州美酒。唐代诗人张籍《和左司元郎中秋居十首》其二云：

有地唯栽竹，无池亦养鹅。
学书求墨迹，酿酒爱乾和。
古镜铭文浅，神方谜语多。
居贫闲自乐，豪客莫相过。

宋代朱翼中《北山酒经》曰："张籍诗'酿酒爱乾和'，即今人不入定酒也，晋人谓之干榨酒。大抵用水随其汤，黍大小斟酌之，若投多水宽亦不妨。要之，米力胜于麹，麹力胜于水，即善矣。"（《四库全书总目提要》:《北山酒经》，陈振孙《书录解题》称大隐翁，而不详其姓氏。考宋李保有《续北山酒经》，与此书并载陶宗仪《说郛》。保自叙云，大隐先生朱翼中，著书酿酒，侨居湖上。朝廷大兴医学，起为博士。坐书东坡诗，贬达州。则大隐固翼中之自号也。）元人宋伯仁著《酒小史》叙述天下名酒，其中有"汾州乾和酒"。

晚唐诗人杜牧恰于清明节路过汾州，触景生情，写下一首《清明》诗，将汾州美酒扬名天下：

清明时节雨纷纷，路上行人欲断魂。
借问酒家何处有？牧童遥指杏花村。

该诗描写的正是北方初春清明节的景色，北方少雨，唯独清明经常是细雨蒙蒙。从此以后，杏花村和汾清酒紧密联系起来，变得家喻户晓。1915 年巴拿马万国博览会中，汾酒荣获中国白酒品牌唯一甲等大奖章（最高奖），又使汾酒从中国走向世界，成为世界名酒。

山西第三种历史名酒是葡萄酒，是通过丝绸之路传入的葡萄栽培以及酿酒技术，发端于北魏平城（今大同），收获于晋阳与河东。山西葡萄酒在唐代最负盛名。是献给皇帝的贡酒。《新唐书》卷三九《地理志》："太原府太原郡。本并州，开元十一年为府。土贡：铜镜、铁镜、马鞍、梨、蒲萄酒……"

如此佳酿，也有许多赞美的诗歌，最著名的当是刘禹锡的《蒲桃歌》，其云：

野田生蒲桃，缠绕一枝蒿。
移来碧墀下，张王日日高。
分歧浩繁缛，修蔓蟠诘曲。
扬翘向庭柯，意思如有属。
为之立长架，布濩当轩绿。
米液溉其根，理疏看渗漉。
繁葩组绶结，悬实珠玑蹙。
马乳带轻霜，龙鳞曜初旭。
有客汾阴至，临堂瞪双目。
自言我晋人，种此如种玉。
酿之成美酒，令人饮不足。

为君持一斗，往取凉州牧。

刘禹锡不仅写了种植葡萄到收获葡萄的全过程，而且自豪地描述当地“自言我晋人，种此如种玉。酿之成美酒，令人饮不足。为君持一斗，往取凉州牧”。可见在刘禹锡生活的唐代，葡萄与葡萄酒的种植、酿造技术已经在并州流传，马乳葡萄酒档次很高，借东汉孟佗以一斛葡萄酒换取凉州刺史的历史掌故，反映出世人对并州葡萄酒的珍爱和受人欢迎的程度。

这首描写唐代并州葡萄酒生产的诗，于 1869 年被特奥斯・桑普森（Theos Sampson）译成英文[①]，传向西方。

白居易在《寄献北都留守裴令公》诗中，也明确记述了并州葡萄酒天下闻名的事实，其云：

晋国封疆阔，并州士马豪。
胡兵惊赤帜，边雁避乌号。
令下流如水，仁沾泽似膏。
路喧歌五袴，军醉感单醪。
将校森貔武，宾僚俨隽髦。
客无烦夜柝，吏不犯秋毫。

①（美）谢弗著，吴玉贵译：《唐代的外来文明》，北京：中国社会科学出版社，1995 年，第 313 页。

神在台骀助，魂亡猃狁逃。

德星销彗孛，霖雨灭腥臊。

烽戍高临代，关河远控洮。

汾云晴漠漠，朔吹冷飉飉。

豹尾交牙戟，虬须捧佩刀。

通天白犀带，照地紫麟袍。

羌管吹杨柳，燕姬酌蒲萄。葡萄酒出太原。

白居易在“燕姬酌蒲萄”后面特地加以注释，“葡萄酒出太原。”表明太原是葡萄酒的重要产地，太原生产的葡萄酒是天下最好的葡萄酒。

一直到元代，太原葡萄酒还是享有盛名，《元史》卷一九《成宗纪二》记载，成宗元贞二年（1296）三月“罢太原、平阳路酿进蒲萄酒，其蒲萄园民恃为业者，皆还之”。说明从唐代到元代，并州的葡萄酒一直是贡酒，许多人专以经营葡萄园维生。

山西出土北朝隋唐墓葬中，有不少与酒有关的饮酒图、酿酒图、酒具等。如大同沙岭北魏墓壁画、大同智家堡北魏石椁壁画、大同富乔发电厂北魏墓壁画、太原王家峰北齐徐显秀墓壁画中，都有墓主人宴饮图（图一、图二、图三），至于普通的饮酒图，在北魏墓葬中更是习以为常。可喜的是，在大同沙岭北魏壁画墓，还出现了北魏酿酒图（图四），时间是北魏太延元年（435），该图

图一　大同沙岭北魏壁画墓墓主人宴饮图

图二　大同富乔发电厂北魏墓壁画饮酒图

图三　王家峰北齐徐显秀墓壁画宴饮图

图四　大同沙岭北魏墓壁画酿酒图

很清晰，在一个毡帐内，有一套酿酒设备，上面是一个陶质圆直口束颈鼓腹大酒缸，中间是架子，下面是一个陶质大敞口盆。大酒缸下部一侧安装有流管，可以向外流酒。前面有一人，手持一个酒壶，准备灌酒。下部大盆用途不清，也看不清盛放着什么，可能用于盛放滤出的酒液。究竟是什么，最终需要有关专家给出定论。毫无疑问，这是一套古代酿酒设施，该图非常珍贵，可以补证北朝《齐民要术》酿酒篇之不足，是研究北朝酿酒业的重要资料。在太原隋代虞弘墓石椁雕刻中，也是既有饮酒图，也有酿酒图（图五）。这幅六世纪末的酿酒图，是当时晋阳踩榨葡

图五　太原隋代虞弘墓石椁浮雕酿葡萄酒图

萄汁、酿造葡萄酒的真实写照。在北朝隋唐出土陶器中，常常可以见到有的陶罐侧面下部有一圆孔，什么用途，难以猜测。不久前北魏墓又出土类似的陶罐，所幸题有墨书“酿酒”，方知带孔陶罐代表酿酒器具，这个小口就是出酒口。看来墓主人生前酷爱饮酒，当他死后，家人给他的随葬器物中，专门放入酿酒器物，供他冥世享用。

另外，在墓葬壁画宴饮中，可以看到各式各样的酒具。在山西各地遗址墓葬中，也出土过许多铜质、银质、陶瓷质的温酒樽、耳杯、高脚杯、酒壶等酒具，时限从新石器时期一直到明清。

中国古代的求雨方式

雨水是农作物生长的要素，对于以农为本的古代中国来说，雨水的适量与否决定着农业收成的丰歉和整个社会经济的成败。农业经济对雨水的绝对依赖性和古代科学知识的极端贫乏，造成古人盲目的崇拜心理，误认为旱涝是诸神意志的产物，从而臆造了无数掌管雨水、旱晴的神灵，并对这些神灵顶礼膜拜，祈求风调雨顺、物阜年丰。久而久之，天旱求雨祈祷和施行法术的行为，逐渐演化成为比较固定的求雨方式。这也是一定文化信仰的表现。

中国古代的求雨方式不是一成不变的。由远古至民国年间，它经历了一个仪式由简单到复杂、又趋向简单；方式由数种到数十种的演变过程。先秦时求雨方式不仅完全是巫术内容，而且极其残酷，常把活人作为求雨的祭品。秦汉时期，阴阳五行说和天人感应说横行，垄断了思想领域，因此这一时期的求雨方式，相应地充满了阴阳五行、天人感应的内涵。魏晋南北朝以降，佛教东渐，道教兴起，求雨方式也随之增添了佛、道内容。此外，求雨对象的范围也空前扩大，任何神灵都成为祈求的对象。下面我们简单地介绍几种古代的求雨方式。

一、烄、焚、暴

“烄”是商代的求雨法，在甲骨文中有大量记载。即把人或牲畜放在柴堆上焚烧，以祭告雨神降雨。《淮南子·主术训》上说：商汤之时，大旱七年，汤亲自在桑林求雨，准备自焚，感动了上天，召来四海之云、千里之雨。商汤自焚求雨的方法，即甲骨文中的“烄”。从周代起，“烄”改名为“焚”。《左传》僖公二十一年条说：“夏，大旱，公欲焚巫尪。”这里的“焚”，即商代的“烄”。在东汉，焚人以致雨的方法依然留存，范晔《后汉书·谅辅传》说，谅辅是广汉郡的五官掾，有年大旱，太守亲自外出祈祷山川，毫无结果。谅辅乃自暴庭中，慷慨咒曰：“今郡太守改服责己，为民祈福，精诚恳到，未有感彻，辅今敢自祈请，若至日中不雨，乞以身塞无状。”他令人在自己周围堆满柴草，准备自焚，将近中午，天云晦合，须臾澍雨，一郡沾润。从上例看，“焚”是庄重严肃的一种求雨法，其先是祈祷和“暴”，实在无奈，最后才“焚”。这种方式过于残酷，后世逐渐衰微。但直到清末还未绝迹，据《清稗类钞》看，光绪年间，曾国荃抚山西，逢罕见的大旱，他下令官自知县以上，绅自廪生以上，集体祈祷求雨，为文告天，三日不雨，请皆自焚。结果三日头上，大雨滂沱，众官幸免于死。

由“焚”衍变出来的一种将人置烈日下曝晒以求雨的方法，称为“暴”。这种方式先秦已经产生，《礼记·檀弓下》说：“岁旱，穆子召县子而问然，曰：‘天久不雨，吾欲暴尪而奚若？’”他俩议论的，就是暴晒人求雨的方法。“尪”在古代有两种解释，其一：尪是女巫的一种，主祈祷请雨；其二：尪是瘠病之人，其面孔总是上仰，俗谓天哀其病，恐雨入其鼻，故为之旱。暴晒这种人，使他们受苦，天就会由于同情而下雨。这种方式也太不人道，其后随着“焚”的衰微而退出历史舞台。

二、舞、雩

“舞”也是一种在商代广泛流行的求雨方法。在甲骨文中，“舞”写作“”或“”，像人舞着两袖形。陈梦家先生《殷墟卜辞综述》中认为，此即“無”字，而巫觋之“巫”，又是“無”字之演变。“巫”舞蹈号叫以降神求雨，故名其舞者为“巫”，名其动作为“舞”，名其求雨之祭的行为是“雩”。

“雩”从周代起成为帝王求雨的主要形式。《礼记·月令》载：“仲夏，命有司为民祈祀山川百源，大雩帝，用盛乐。乃命百县雩祀百辟卿士有益于人者，以祈谷实。”注疏说：“雩，吁嗟求雨之祭也。雩帝，谓为坛南郊之旁，雩五精之帝，配以先帝也。”在这种雩祀礼中，主角是帝王官员，而从事乐舞的配角却是巫觋。

雩在历代有所不同，但从周至清，一直是统治者的主要求雨方式。之所以如此，是因为它已成为古代礼制的重要组成部分。在历代正史的《礼志》中，都有该朝雩礼的详细记载。

三、求龙

龙是古人臆想的神秘动物。我国最早记录龙能致雨的书是成于战国时代的《左传》和《山海经》。《山海经·大荒东经篇》说：“应龙处南极，杀蚩尤与夸父，不得复上，故下数旱。旱而为应龙之状，乃得大雨。”说明战国时代，已有了塑龙形求雨的方法。当时塑龙的材料是泥土，土龙塑成后，还要“文以青黄，饰以绮绣，缠以朱丝”（《淮南子·主术训》），尽量装扮得威风凛凛。

汉代盛行设土龙求雨的方法。不过在设土龙的同时，还混杂采用阴阳五行、祈祷、巫术等多种手段，内容相当复杂。现据汉代董仲舒《春秋繁露·求雨篇》，扼要介绍一下春季求雨法。

春旱求雨，县邑要挑选水日举行，令民众向社稷山川祈祷，家里人要祭户神，禁止人们入山林砍伐，同时曝晒巫尪八天。在城邑东门之外修筑一个四通之坛，坛方八尺，祭神共工，以生鱼八条和玄酒等物为祭品。在群巫中选择一个清洁又善言辞者作为祝，祝斋三日，穿苍青色的衣装，先拜，跪下陈述，述完复拜，再起。祝辞说："昊天生五谷以养人，今五谷病旱，恐不成实，敬进洁酒、膊脯，再拜请雨。雨幸大澍，即奉牲祷。"又于甲、乙日塑大苍龙一条，长八丈，位居中央。再塑小泥龙七条，各长四丈，位于大龙之东。大小龙皆是头东尾西，龙与龙之间相距八尺。再择儿童八人，皆斋三日，穿青色衣服舞蹈。田啬夫也斋三日，穿青色衣站立周围。此外寻找五个虾蟆，放社池中，池方八尺，深二尺。也供酒膊，祝祷如初。再取三岁雄鸡和三岁公猪，燔之于四方通神宇。然后令民关闭邑里南门，置水其外；畅开北门，置老公猪一头；城邑市中也准备好一头老公猪，以鼓声为令，同时动手烧公猪尾巴。再捡拾人骨埋掉，又开山泉，积薪焚烧，最后开通壅塞的桥梁道路。

夏季求雨另有一套，也是以龙为中心，再糅合阴阳五行说相生相克的原理，目的在于调和阴阳，以助降雨。照董仲舒和汉代人的理解，旱是人间阳气太盛所造成的，故要抑制阳气，扶助阴气。也就是董仲舒说的"求雨之方，损阳益阴"。

唐宋以后，直到民国时期，设土龙求雨的方法依然很普遍，某些地区，更发展为“画龙祈雨法”和贴龙王神马像、筑土龙及赴龙王庙祈请结合举行等多种形式，但其用意和目的仍不出其外。

四、焚山、焚斗笠

古代中国有焚山求雨的方式。晋人干宝《搜神记》卷十三说：“樊东之口有樊山，若干旱，以火烧山，即至大雨，今往往有验。”《水经注》对此也有记载。这种方式不见于以前诸史，当盛于魏晋时期。实际上，这种焚山求雨的方式起源于先秦、两汉的“烄”或“焚”，即董仲舒《春秋繁露·求雨篇》中所谓“开山渊，积薪而燔之”。

后代焚山求雨的方式不见了，却还有一种焚斗笠的方式，清代民国流行于广东翁源地区。在天旱时，将烂斗笠用一枝细木棒顶住，插在地上，膜拜祈祷后，将烂斗笠焚化即可。这种方式无仪仗、无供品，简单易行，一人或数人均可实行。但其对象不是龙王，而是昊天上帝。这是古老的迷信观念的产物。古人相信天上是上帝居住之所，而人无法上天禀告灾情，于是想出焚烧东西，使“青烟”上天请求老天爷的方式。

五、求蛇和蜥蜴

古人认为龙与蛇、蜥蜴是近亲，蛇和蜥蜴也可致雨。早在战国时代，民间就有了曝晒蛇以求雨的习俗（《墨子·亲士》曰“神蛇近暴”）。魏晋以后，又产生“蜥蜴求雨法”，唐人段成式在《酉阳杂俎》中记述了这样的故事以及具体方法。并在宋代广为流行，而且还得到宋神宗的重视和推广。《宋史·礼志》记载：“熙宁十年四月以夏旱，内出蜥蜴求雨法。”宋代的“蜥蜴求雨法”增加了阴阳五行说的色彩，选择的儿童均穿青色衣服，并以青色饰面部和手足，人持柳枝，口中诵咒：“蜥蜴蜥蜴，兴云吞雾，令雨滂沱，放汝归去。”改竹枝为柳枝，极可能是受了佛教观世音菩萨净瓶中插一柳枝的影响。

六、祈城隍降雨

向城隍祈雨的方式起源较晚。现知较早的城隍神即《礼记》天子八蜡中的水庸神，它是古代传说中城市的守护神。较早的城隍庙是三国吴在芜湖修建的城隍庙。南北朝时期，城隍庙已见于大江南北。至唐宋，城隍的神格提高了，除保护城池外，还负责当地的冥籍和水旱吉凶，成为一地区最高神。从唐代起，人们遇旱灾即请城隍转报天庭，降雨救民。向城隍祈雨的方式比较简单，虔诚地供奉、祈祷即可。明代洪武年间，朱元璋下令，各级官府都修建城隍庙，并将府、州、县三级城隍分别封以公、侯、伯爵位。各级官吏赴任就职，都须向本地城隍神禀报，各级城隍神也由各地官员主祭。随着城隍神神格的提高，各地凡有大事皆请城隍神解决，遇有水旱则更是如此了。

除城隍外，关帝也是祈雨的对象。此外还有一些在本地倍受崇拜的神庙，如三官庙、东岳庙、真武庙、雨仙爷庙、张仪庙、吴起庙、扁鹊庙、后土庙等庙里的诸神，均是各地祈雨的对象。对神像祈雨的方式主要分三种，其一：祈祷恳求；其二：请愿贿赂，如杀牲、演戏、修庙等；三是强迫，将神像抬出庙外，让烈日曝晒，甚而有人在旁用皮鞭抽打。

佛教徒和道教徒也积极参与了古代中国的求雨活动，四川直至解放前，遇有大旱，都有请道士建醮，焚香设幡求雨的习俗。道士求雨主要有三种方式：一是采用传统的阴阳五行方法来斋醮祈禳，如禁屠割、闭南门等；二是利用巫术如画符箓的方法，画一个“符”或“箓”，便称为“符箓召雨法”；三是念咒，如清代流行一种“木郎咒”求雨法，要求摆好神牌供品后，与祈雨疏文一通，焚于城隍庙前，然后诚心诵咒，每日三至五次，每次四十九遍，直至雨来。佛教徒求雨的方法也很多，有的请观世音，有的使用龙镜，有的施符念经，等等。

中国古代的求雨活动是“靠天吃饭”的一种自然表

现，是古人对天、地、人三者关系的粗浅认知，尽管也是应对天旱的人为努力，却毫无科学可言。许多史书记载其如何灵验，显然是神化死人而愚弄活人。值得注意的是，这种与时代精神格格不入的愚昧活动至今仍在某些地区存在。通过对求雨活动源流的考察，揭露其虚伪性和愚昧性，有助于遏止求雨活动的滋长蔓延。

本文原载于《文史知识》1991 年第 3 期

崔浩之诛

公元450年（北魏太平真君十一年）六月，北魏重臣、司徒崔浩及其宗族被魏太武帝拓跋焘下诏诛杀，一同被灭族的，还有崔浩的姻亲、北方头号士族范阳卢氏、太原郭氏、河东柳氏。

崔浩字伯渊，清河人，其父崔玄伯是北魏道武帝时著名大臣。在讲究门第等级的魏晋南北朝时期，清河崔氏是北方最显贵士族之一。族人世代为高官，无论在朝廷或在社会上，均有很高的地位和声望。崔浩青年时踏入仕途，身历北魏道武、明元、太武三朝，做官五十多年，筹谋划策，参定大计，立下无数功劳，极为拓跋焘重视和宠爱。拓跋焘曾面对降顺的高车渠帅数百人，指着崔浩说："汝曹视此人，尪纤懦弱，手不能弯弓持矛，其胸中所怀，乃逾于甲兵。"并令诸尚书："凡军国大事，卿等所不能决，皆先谘浩，然后施行。"崔浩本人也自比为西汉之张良，忠心耿耿地为鲜卑拓跋尽力，成为汉族士人中对北魏王朝贡献最大的人之一。拓跋焘之所以取得赫赫武功，完成统一北方的大业，并得到汉族士人的大力支持与合作，皆与崔浩分不开。

崔浩之诛，直接原因是他主持修北魏国史一案。平北凉后，拓跋焘下诏，“命公留台，综理史务，述成此书，务从实录”。让他督责秘书监，修成本朝史书。参与其事的高级官员还有中书侍郎高允、散骑侍郎张伟。崔浩作为主编，负责全书的“批益褒贬，折中润色”。秘书监官吏很多，其中著作令史闵湛和郗标一向谄媚逢迎崔浩，崔浩曾注释过儒家经典《易》《论语》《诗》《书》，二人上书给拓跋焘，说汉晋马融、郑玄、王肃、贾逵四人给这些书作的注释，皆不如崔浩的注释准确精当，请求把他们注的书在全国全部收回，独发行崔浩注的经书，令天下人学习，并建议令崔浩再注《礼传》，以便后来人学到正理。《国记》修成后，二人又劝崔浩，把《国记》刊刻在石碑上，公布于众，以表彰不隐恶、不溢美之直笔。看来崔浩对自己主编的《国记》相当得意，书未经拓跋焘过目首肯，竟依二人之言，用功三百万，将《国记》全文刻出，立于郊外大路旁，供人观赏。《国记》叙述北魏先朝之事，事事翔实，无一遮掩，来往行人阅罢议论纷纷。拓跋贵族无不忿恚，争着向拓跋焘告状，指控崔浩故意贬低拓跋部人，“暴扬国恶”。拓跋焘大怒，命人收捕查办崔浩和秘书监郎吏诸人的罪过，于是发生了本文开头叙述的灭族之祸。

崔浩公布的“国恶”，在现存诸史中仍留有蛛丝马迹，都是极不光彩，招人讥刺蔑视之事。这些隐私的公开，显然大大有损于拓跋统治者的尊严和形象，触怒了拓跋贵族集团。拓跋焘也不顾自己下过“务从实录”的诏令，立即翻脸，大加杀戮。

然而崔浩被诛，还有更深层的原因，这从高允、崔浩二人的不同结局即可看出。高允也参与修史，并且是具体执笔人，照他自己对拓跋焘说的，“《先帝记》及《今记》，臣与浩同作，然臣多于浩”。拓跋焘也说，高允之罪“甚于浩”，结果高允免罪，崔浩灭族，结局大不相同。尽管高允有太子拓跋晃的多方开脱袒护，自己也能沉着应对，但毕竟罪责不小。从二人结局大相径庭看，崔浩之诛实另有原因。这从后来高允对拓跋焘说的一段话中也可窥见。拓跋焘宽恕高允后，命他起草诛崔浩等人的诏令，高允不愿意，说：“浩之所坐，若更有余衅，非巨敢知，若直以触犯，罪不至死。”明白点出，如果崔浩仅有秉笔直书、“暴扬国恶”之罪，不应当被杀。拓跋焘不仅不听，而且不杀不休，显见他非一时之愤，而是因崔浩“更有余衅”，即另有难以公开的原因。

这种更深层的原因便是统治者内部的斗争，即汉族士族与拓跋贵族争权夺利的斗争。魏晋以来，汉族士族常有一种历史形成的优越感，认为只有他们应享有高官特权，一直努力在北魏恢复门阀士族等级制，这使依靠军功起家的拓跋军事贵族大为不满。另外士族自视清高，瞧不起文化较低的拓跋军事贵族，甚至不愿与其联姻。因此在军事贵族与门阀士族之间，既有互相利用、联合统治的一面，又有竞争高位，相互排斥的一面，崔浩凭他清河崔氏的声望、自身的才能和在朝廷的地位，自然成了双方冲突中门阀士族的代表。以崔浩本人而言，也始终以恢复昔日门阀士族的地位为己任，史书记他“浩有鉴识”，“以人伦为己任。明元、太武之世，征海内贤才，起自仄陋，及所得远方外国名士，拔而用之，皆浩之由也”。表明他在这方面做了大量工作。他还曾对范阳卢玄表露心思，“大欲齐整人伦，分明姓族”。卢玄说他的想法不合时宜，“浩当时虽无异言，竟不纳，浩败颇亦由此”。

崔浩作为士族代表屡被拓跋贵族攻击，太武帝初即位，便因拓跋贵族“共排毁之”，而“虽知其能，不免群议，故出浩，以公归第，及有疑问，召而问焉”。一年后，崔浩再被起用为太常卿，几年后因功升至司徒。在朝廷上，就各种军国大事，他常与拓跋贵族争论，事情发展结果证明，总是崔浩的分析判断正确，从而使长孙翰、长孙嵩、奚斤、刘洁、穆泰等贵族相形见绌。崔浩的每次胜利，均意味着士族优于军事贵族，也更激化了两大集团的矛盾。太原王氏是西晋以来的望族，东晋末，王慧龙由江南逃归北方。许多人不相信他是太原王家的后人。崔浩见了王慧龙，见他长着王氏特有的齇鼻，确定他是王家后人，并禁不住赞叹“真贵种也!”还数次向其他人称赞王慧龙。长孙嵩听说后，“以其叹服南人，则有讪鄙国化之意”，报告给拓跋焘。拓跋焘非常愤怒，“召浩责之，浩免冠陈谢得释”。可见包括拓跋焘在内的拓跋部人，都不喜欢别人称赞士族后代是贵种。崔浩并未因此警惕，仍是积极地选拔士人，把他们拉进统治集团内，任以高官。史载：“魏司徒崔浩，自恃才略及魏主宠任，专制朝权，尝荐冀、定、相、幽、并五州之士数十人，皆起家郡守。”当时太子拓跋晃以“总百揆、国之副主”身份监国，不同意立即让这些人做郡太守，结果崔浩固争，终于以他的意思任命了这些人。拓跋晃内心显然不会满意。高允听到此事后，便对人悄悄说：“崔公其不免乎！苟遂其非而校胜于上，将何以堪之。”后来崔浩公布《国记》，再次触怒拓跋贵族和太武帝时，拓跋晃不仅不为其开脱，反而要高允把责任全推到崔浩身上，使崔浩在拓跋贵族的怨恨和强烈要求下，被拓跋焘诛杀，做了门阀士族与拓跋贵族争权夺利斗争中的牺牲品。过了不久，拓跋焘就认识到，以诛杀崔浩等士族的手段解决内部矛盾有些不妥，而发出崔浩“死得可惜”的感叹。

崔浩之诛，说到底是北魏前期鲜、汉统治者矛盾激化的结果，但并没有因此消除士族重建门阀制度的要求。士族与军事贵族之间的矛盾，一直延续到孝文帝朝，才由孝文帝“定族姓”的措施初步解决。

本文原载《文史知识》1992 年第 4 期

北魏文成帝《南巡碑》的发现与意义

《皇帝南巡之颂》碑简称为《南巡碑》，乃北魏文成帝拓跋濬为纪念北魏和平二年（461）一次南巡而立。该碑被立于北魏著名的"灵丘道"旁一块高地上，当年北魏由平城至太行山之东的定州、中山、邺城和冀州诸地，需经此道，所以该道又名"定州大道"。

《南巡碑》位于今山西省灵丘县县城东南约十五公里处，具体地貌是，碑刻位置在路东一个河阶台地中央，台地东、南、西三面环绕唐河水，北面与山地相接。台地南隔着唐河，是一座拔地而起的山峰，数峰耸立，形似笔架，故当地人称"笔架山"（图一）。

文成帝《南巡碑》最早见于北魏郦道元《水经注·滱水篇》，《水经注》称其为《御射碑》，其文云：

滱水自（灵丘）县南流入峡，谓之隘门，设隘于峡，

图一　北魏文成帝《南巡碑》出土地

以讯禁行旅。历南山，高峰隐天，深溪埒谷，其水沿涧西转，迳御射台南。台在北阜上，台南有御射石碑。南则秀嶂分霄，层崖刺天，积石之峻，壁立直上。车驾沿溯，每出是所游艺焉。㶟水西流，又南转东屈，迳北海王详之石碣南、御射碑石柱北而南流也。

《魏书·高宗纪》和《北史·魏本纪》也载有文成帝南巡及御射之事，内容大同小异。直到宋代，《太平寰宇记》还有记载，可惜不见拓片传世。该碑二十世纪九十年代曾被发掘，现场遗留许多辽金槽纹砖、筒瓦、兽面瓦当、滴水等建筑构件，似乎表明辽金时期，南巡碑完好无损，有人修建碑亭予以保护。清顺治《云中郡志》记载了寥寥数笔，其云：“碑阴刻从臣姓名。”从此再无记载，大约从清代中期开始，此碑遭到厄运，被人破坏或自然损坏。

二十世纪八十年代文物普查时，该碑已经断裂颓倒，被荒草掩埋，幸运的是，碑额、碑座于原地被县文管所发现，碑额阳刻“皇帝南巡之颂”六个大字（图二），县文管所曾作为简讯发表。九十年代，又有学者寻踪觅迹来到此地，做了简单发掘，于当地找到几块残段，发表了考察报告，公布了该碑的重要性。但由于没做碑体拼复，仅发表了容易识别的碑文，碑文丧失前后顺序，不完整，看起来不免凌乱，碑文的价值评估也受到一定影响。

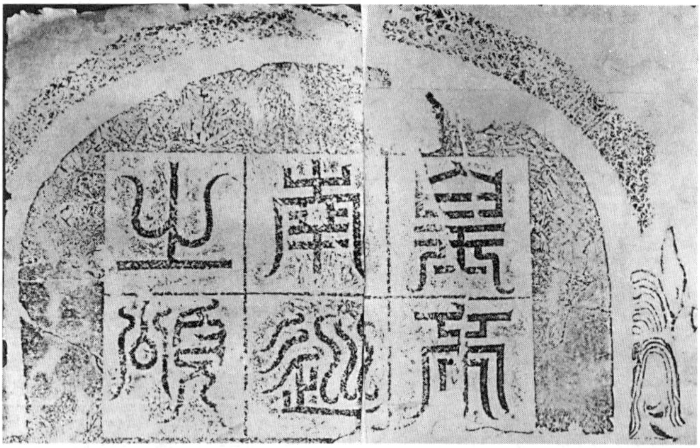

图二　《南巡碑》碑额拓片

《南巡碑》的两次发表，引起笔者的高度注意。笔者再次调查该碑时，发现还有数块残碑的碑文没有发表，整块碑刻也没有拼接。为了更好地研究该碑，尽可能充分展示该碑的价值，笔者在附近的觉山寺借住几天，将所有残碑一块一块对接拼复，尽量恢复原初位置，然而还是残缺不全。做了拓片，又对着残碑一字一字校勘识别。随后攀登上笔架山，在山峰两侧搜寻残碑，观察地理形势，试图发现剩余残碑或“北海王详之石碣”，结果一无所获。回家后，又在室内悬挂拓片，仔细识字断句。经过数月艰辛工作，皇天不负有心人，不仅比以前学者发表的碑文多辨识出一千多字，可识碑文达到两千六百余字，其中碑阳一百七十三字，碑阴两千四百四十余字；而且把以前支离破碎、前后失序的碑文连接起来，恢复了部分原貌，信息量大大增加，该碑的价值更为凸显。

将现存十块残碑拼合后测量，碑额宽约 145 厘米，碑身宽约 137 厘米，碑身两边各缩进 4 厘米，碑身厚 29 厘米，碑身高度因残缺难以测知，如以宽高之比为一比三计，则碑身原高在 4 米以上。

碑身阴阳两面俱阴刻文字，两侧平整光滑，无花纹和文字。碑阳之文，主要歌颂当时社会稳定，民安政清，怀集内外的大好景象和记载文成帝南巡归途中与从臣比射一事；碑阴刻文，皆为从臣官爵姓名。碑阳文字为魏体，整齐隽秀，字径 3.2~3.5 厘米；碑阴文字也是魏体，与碑阳之字相比，略显古拙，却更苍劲，小且密，字径在 1.5~2 厘米左右。南巡从臣官爵姓名，从上至下，据残碑所见，至少有七列，每列由右到左，刻五十人左右；列与列之间，留有约 2 厘米的空白。遗憾的是，因为碑体下部遗失，没有发现撰文者、书丹者和刻碑者的信息。

该碑的碑座为赑屃，发现时，后半部埋于土中，赑屃首上昂。后在搬运过程中颈部断裂。拼接后测量，赑屃从头至尾长 205 厘米、宽 137 厘米、高 53 厘米，四肢粗壮有力，前肢斜撑地面，后肢蜷曲，头颈微扬，呈负重爬行之状。背中部横开一深 12 厘米、宽 34 厘米、长 136 厘米的长方体槽，在此槽中又开一宽 34 厘米、长 93 厘米、深 15 厘米的小长方体槽，两槽均槽沿平直，槽壁齐整，形成稳固石碑的卯眼。赑屃下是一块长 35 厘米、宽 124 厘米、厚 17 厘米的石板，与其连为一体，四周光滑，未刻纹饰。这可能是我国目前保存较早的南北朝碑座。

虽然碑阴文字均为随臣官爵姓名，但是学术意义很大，初次较完整地透露出北魏前期官爵姓氏的真实情况。如碑阴第一列所载官爵姓名如下（图三）：

第一列：

侍中〔抚〕军〔大将军〕太子太傅司徒公平原王〔步〕六孤〔伊〕丽

侍中特〔进〕车骑大将军□太子太保尚书太原王一弗

图三　《南巡碑》原石碑阴局部

步浑□

六□将军□羽真襄邑子吕河一西

中常侍宁东将军太子太保尚书〔西〕郡公尉迟其〔地〕

中常侍宁西将军〔仪〕曹尚书领中秘书太子少师彭城公张益宗

中常侍宁南将军太子少傅尚书平凉公林金闾

散骑常侍宁东将军西起部尚书东海公杨保年

宁南将军殿中尚书日南公斛骨乙莫干

左卫将军内都幢将福禄子乙旃惠也拔

宁□将军宰官内阿干魏昌男代伏云右子尼

〔左〕卫将军内阿干太子左卫帅安吴子乙旃阿奴

□□〔将军〕太子庶子内阿干晋安男盖娄太拔

扬烈将军内阿干阴陵男社利幡乃娄

安〔北〕将军内阿干东平公是娄勑万斯

宁东将军内阿干〔建〕安男尉迟沓亦干

中常侍宁南将军太子率更令内阿干南阳公张天度

中〔常侍〕宁南将军□□□太子家令平阳公贾爱仁

〔散〕□□□〔内〕阿干嘉宁男若干若周

（残6字）拔忍昕

□（残8字）普陵

（残8字）〔阳〕男吐难子如剀

（残9字）江乘男一弗阿伏真

宁〔朔将军〕□□〔范〕阳子韩天爱

中坚将军□□□□□武子贺若盘大罗

库部内阿〔干〕□□库兰

内行内三郎高平国

内行内三郎段鱼阳

宁朔将军内行令永平子胡墨田

广威将军建德子内行内小贺若贷别

内行内小步六孤龙成

内行内小贺赖去本

内行内小素和莫各豆

内行内小□金□

内行内小乙旃伏洛汗

内行内小□□□□

内行内小□□〔他仁〕

内行内小伊楼诺

内行内小〔挟〕库仁真

内行内小马〔橐〕

内行内小高□各拔

内行内小叱罗骐

内行内小吐伏卢大引

内行内小步六孤罗

内行内小卫道温

内行内小乙旃俟〔俟〕

内行内小同□各拔

内行内小吕□

内行内小韩□生

内行内小莫耐娄□

鹰扬将军内行令蔡阳男宿六斤阿□

内行令直勤侯六孤

右五十一人内侍之官

该碑记载的官爵姓氏情况，大多已经失传，且和史书记载有较大出入，它的发现，终于揭开了北魏前期官职姓氏演变的历史雾障。它的意义可以简单归结为以下几点：

一、《南巡碑》是北魏皇帝巡视诸地所立纪念碑之一

《南巡碑》即颂扬皇帝南巡之碑。北魏诸帝经常为安定四方出外巡视，也常就出巡立碑纪念。诸帝在出巡途中，或在宫廷内，常有竞射之举，这在史书中屡见记载。御射之旨，在于倡导习武，崇尚武功，这既与拓跋部凭弓马得天下有关，更与骑射民族的传统习俗有关。

据史书记载，北魏诸帝出巡碑和御射碑已有不少，仅在《水经注》一书中，就载有《后魏献文帝南巡之碑》《后魏御射碑》（即本文所记文成帝《南巡碑》）、《太武皇帝东巡之碑》等，还有孝文帝在北巡、南巡途中所立的《讲武碑》《吊比干文碑》等。另外赵明诚《金石录》也记载《后魏北巡碑》《后魏御射碑》等。本文所记《南巡碑》只是其中之一。

有关北魏诸帝出巡或御射之碑，虽然当时刊立不少，但现存两面文字的唯本文所述《南巡碑》一通。其他或已湮没无闻，或单有后世仿制之碑，或仅存一面文字，如太武帝《皇帝东巡之碑》，只存有拓传的碑阳文字。近年该碑残块又在河北易县被发现，也是仅有碑阳部分文字，碑阴无任何文字，说明该碑仅有一面文字。因而这块南巡碑是关于北魏早期政治、官爵姓氏诸方面信息量贮存最多最集中的一块碑，能从多方面补史载之阙，具有较高的学术价值。

二、《南巡碑》的发现印证了文献记载的真实性

北魏文成帝《南巡碑》在《魏书·高宗纪》《北史·魏本纪》《水经注·滱水注》《太平寰宇记》卷五一、清顺治《云中郡志》均有记载。关于该碑刊立时间，由于年久碑残，碑文已不见立碑之时代字样。在《魏书·高宗纪》等书中，则载有此碑刊立原由及时间。其云：

二月辛卯，行幸中山，丙午，至于邺，遂幸信都。三月，刘骏遣使朝贡。舆驾所过，皆亲对高年，问民疾苦。诏民年八十以上，一子不从役。灵丘南有山，高四百余丈。乃诏群官仰射山峰，无能逾者。帝弯弓发矢，出山三十余丈，过山南二百二十步，遂刊石勒铭。

由上文看，此碑“刊石勒铭”，始于和平二年三月。结合碑阳之文，两文记述南巡内容大致吻合，可证《高宗纪》所言不虚，其记刊石勒铭的时间基本亦可信从，如果进一步推析，该碑刊刻始于三月，工程量不是很大，估计在当年就完工了。此碑在古史中偶见记载，《太平寰宇记》卷五一《蔚州·灵丘县》记载了南巡碑刻立缘由，还说：“其碑见存，阴刊从臣姓”。清朝顺治年间编撰的《云中郡志》在其《山川》部分记载了此碑，其云：“龙门山，县南三十里，亦名隘门，上有御射台，后魏文成帝尝射于此，

有碑记，碑阴刻从臣姓名。”

由碑阳残存之文可知，该碑内容并非如《魏书·高宗纪》诸书所叙仅限于君臣竞射，高宗获胜一事，实际上，碑文内容相当广泛，除记和平二年御射外，还追述兴安二年南巡“尝〔拉〕射于此山”，又记刘宋遣使“修聘问之义”，“贡殊方之□”，或记歌伎乐工“舞□□之舞”，“奏金石之□”，天下有“讴歌之声”，“野夫有击壤之欢”等文成帝与民休息，内外安睦的太平景象，以及对文成帝“偃武修文”成就的赞颂。

三、碑文所载职官爵位填补了史书记载的许多空白

碑阴残存二百八十余位从臣的官爵姓名，是研究北魏前期政治制度史的珍贵资料。北魏孝文帝汉化改革后，职官制度也随之汉化，早期官制因被废弃，多被后人遗忘。即使在史册金石中，也仅有零星记载。这批官爵资料的出土，恰好补此缺憾，使研究者对北魏前期官制中“华夷杂糅”的认识更加深化和具体。碑阴内保留着多种史乘及金石碑碣中从未刊载过的职官，如内行三郎、折统真、解洛真、解洛真将军、雅乐真幢将、贺浑吐略渥、内小幢将、三郎幢将等，皆有鲜明的游牧民族特色。此外，碑文中大量出现的内阿干、羽真、内行令、内行内小、内三郎等拓

跋官号对进一步探研其职掌及相互关系也很有意义。

这批资料对北魏前期诸尚书及其属官制度的研究也很有价值。碑阴共见尚书十六人，其中单称尚书者六人，不明为何部尚书者二人，知何部尚书者八人，具体为仪曹尚书二人，殿中尚书二人，选部尚书二人，驾部尚书一人，西起部尚书一人。过去已有研究者发现文成时殿中尚书和南部尚书二职各为两名，然观察这批资料，至少还有选部尚书、仪曹尚书也是各为二人。有学者研究，文成时共有十一部尚书，但碑文中却出现了超出十一部之外的西起部尚书，说明当时尚书并非十一部。除此而外，碑文中出现的北部折纥真、南部折纥真、主客折纥真与三都坐大官折纥真，使学术界首次知道，诸部尚书和三都坐属官有的称为“折纥真”。再由“主客折纥真”官号推析，它与南、北部折纥真并列，透露出那时可能还设有“主客尚书”。所有这一切发现，必将突破以往的研究成果。

所见从臣中，有爵位者多达八十余人，占总人数四分之一，其中有王位者八人，公爵者二十人，侯爵者九人，子爵者二十三人，男爵者二十三人。所列不见伯爵，可证伯爵在那时还未被恢复。以碑文证史，能补诸多遗缺。爵位所附地名，对历史地理的研究有相当价值。封号中有许多并非北魏占领区的地名，对探讨北魏封爵制中的实封和虚封，无疑也很重要。

四、随臣姓名也是一批极可贵的资料，对了解拓跋政权的民族构成及鲜卑、高车等部族的演变具有重要研究价值

碑文中有复姓者二百余人，按姓氏归纳，双字复姓占五十一家，三字复姓占九家。魏孝文帝改革北方少数民族复姓后，少数民族姓氏简化，原先的许多姓氏失传。如这批资料中的代伏云、吕河、〔挟〕库、豆连、比子、胡优、热阿、胡比、契胡、盖毛、勅烦、奚斗、折枋、立利诸姓，均为北朝史书所不见，这些姓氏的来龙去脉，尚有待深入探索。

碑文上记载的这些众多少数民族人名极有价值。因为孝文帝迁都洛阳后不但发起了少数民族简化姓氏的改革，而且同时还伴随着一个改名的热潮。少数民族成员在姓氏简化后，名也删繁就简，相应汉化。只不过因史书所载绝大多数为改后之名，原名便多被忘弃，以致失传。这批资料的发现，有望推进这方面的研究。如我们对照史传碑文所载官爵、年代等，知道碑文中的平原王步六孤〔伊〕丽可能就是《魏书》《北史》中的陆丽，太原王一弗步浑□就是乙浑，乐安王直□何良即元良，乐良王直□□大汗即元万寿，常山王□□□连戊烈即元素，直勤郁豆眷即元郁，内行令蔡阳男宿六斤阿□即宿石，东安王独孤侯尼须即刘尼，等等。

从这批资料中，还可粗略了解统治者最高层中各部落首脑的构成情况，至少可知拓跋、斛律、独孤、步六孤、素和、贺若、乙旃、一（乙）弗等鲜卑、高车、匈奴、羯族、吐谷浑等族大姓凭借实力而异常活跃，组成拓跋军事统治集团中坚力量。值得注意的是，这次南巡中，太子的属官不少，仅在残碑中识辨者，就有太子太傅一人，太子太保二人，太子少师一人，太子少傅一人，太子少保一人，另有太子率更令、太子家令、太子左卫帅、太子庶子等，由此可以分析，这次皇帝南巡，太子很可能伴随，所以才有许多太子属官随行。

总而言之，《南巡碑》的发现，对于深入研究北魏政治、社会和文化，都有不可或缺的意义和价值。

本文原载《中国书法》2014 年第 4 期

大同电厂北魏九号墓发现的题记与壁画

配合大同市富乔垃圾发电厂的建设，2008 年夏季，山西省考古研究所对电厂建设区域内发现的 10 座北魏墓葬做了抢救性发掘， 其中九号墓是该墓群中唯一保存纪年文字和壁画的砖室墓，无论题记或是壁画，都很有特点，是研究北魏平城时代政治、社会以及文化艺术的重要资料，现图文结合，试探讨如下：

一

九号墓位于墓群东侧，坐北朝南，方向 185°，为长方形斜坡墓道砖构单室墓，由墓道、过洞、天井、墓门、甬道和墓室几部分组成，顶部残存盗洞一个。

墓道位于甬道和天井的南端，平面呈长方形斜坡状，长 19.9 米，宽 1.2 米。土洞拱形过洞位于墓道和天井之间，水平进深1.8米。天井平面呈长方形，长2.9米，与墓道同宽，位于过洞北侧，甬道南端。

墓门高1.6米，宽1.2米。封门用两层砖垒砌。封门的里外两层砖垒砌的较随意，基本上是一层丁砖一层或两层顺砖垒砌而成，砖与砖间的缝隙较大，参差不齐。封门顶端为一与封门同宽的长方形门楣，上有朱彩图案，但模糊不清。

甬道位于墓室的南端，长1.7米，宽1.2米，高1.6米。左右墙体上均彩绘壁画，西壁壁画残毁严重，东壁为红黑彩勾勒的镇墓兽形象和红彩题记及墨书“和平二年”的年款。

墓室位于甬道北部，平面近似方形，四边略向外凸出。墓室底部长3.4米，宽3米，高2.9米，距地表深8.6米。四壁从墓室底部往上1.3米处开始起券形成四角攒尖顶，且墓室四壁均彩绘壁画，壁画高约1.2米，直接绘于墓室壁砖外侧厚约1厘米的黄泥地仗之上。墓内残留木棺两具，并列放置于墓室中央，腐朽严重。四周散布着随葬器物11件，有釉陶壶2件，釉陶罐1件，陶罐1件，铜铺首1件，铜棺环3件，铜泡钉3件。

二

该墓最醒目处是甬道题记和四壁的壁画，题记位于甬

图一 大同富乔发电厂九号墓题记

道东侧靠近墓门的甬道壁上，共四列，由上到下，由左到右书写，每字大约 6 厘米，前面左侧上方墨书 “和平二年”四个小字，右侧正文皆为朱书，其文曰：“大代和平二年岁在辛□ / 三月丁巳朔十五日辛未 / □□（散）骑常侍选部□□ / 安乐子梁拔胡之墓”（图一）。

“和平”是北魏文成帝的年号，“和平二年”即公元 461 年，这一年按干支记岁法，正是辛丑年。以前在山西灵丘县发现的文成帝《皇帝南巡碑》碑阳之文也记载有“维和平二年岁在辛丑三月丁巳朔”，两段文字可以互相对照验证。虽然朱书字迹有些模糊，经过仔细辨认，还是能够读出墓主人是“（散）骑常侍选部□□/安乐子梁拔胡”。选部后面二字不清，但是参照文成帝和平二年《皇帝南巡碑》中记载的官员职爵情况来看，内有许多相近官爵。如：

散骑常侍平西将军驾部尚□□阳公□□尸婆

散骑常侍安南将军〔尚〕书羽真南郡公毛法仁

散骑常侍□□□□□部尚书丹阳公符真卫

散骑常□□□□□〔太〕子少保仪曹尚书扶风公李真奴

散骑□（残8字）尚书汝南公袁纥尉斛

散骑□（残8字）〔部〕尚书兴平侯宜勤渴侯

□（残12字）〔选部〕尚书〔长广〕公豆连求周

□（残10字）尚书东□公黄卢头

□（残13字）〔书〕高都公慕容白曜

左卫将军南部折纥真平棘子李敷

建威将军□□折纥真建德子独孤平城

游击将军内都坐折纥真曲梁子叱奴〔地〕□

由上面记载看，此时凡任散骑常侍，职务是尚书的，爵位多是公爵，少数是侯爵。凡是爵位是子爵的，又不见任散骑常侍之职。墓主人梁拔胡介于以上两种人之间，既是散骑常侍，爵位又不高，只是安乐子，因此推测他的职务，应该是“选部尚书”或者“选部折纥真”。由梁拔胡是散骑常侍和题记中选部后仅有两字距离来看，我认为选部后二字应当是“尚书”，连起来他的实职是选部尚书。在认定梁拔胡是选部尚书之后，我们就可以在《南巡碑》中发现两个选部尚书的基础上，再增加一个选部尚书。表明在和平二年三月，北魏同时存在三个选部尚书，以此证明北魏这时确实实行的是一部多尚书制。奇怪的是，这样的高官，一般都有军职，但是梁拔胡却没有，说明他是一个真正的文官。没有军职的高级文官，在北魏不多。文官没有战功，可能导致爵位较低。

此段题记缺载梁拔胡的生卒年月和籍贯等信息。我们查阅了史书和《皇帝南巡碑》碑文，没有发现有关梁拔胡的任何记载。梁拔胡去世之月，正是文成帝南巡之月，这次发现的记载，算是一段稀缺的文字。

三

壁画分布于墓门上方门楣处、甬道两壁以及墓室四壁，朱彩勾出边界，内容绘于中间，保存较为完整，总面积约 30 平方米。其制作方法是，首先在砖墙上抹厚约 1 厘米的黄泥，然后直接于黄泥地仗上进行彩绘。壁画主要有红、黑、白三种色彩。

门楣处壁画整体轮廓为长方形，面积较小，上施朱彩，但图案已经模糊不清，只有东侧部分隐约似飘逸的衣带，一端向下弯曲。

甬道东壁壁画北端及下部泥皮脱落较为严重，但仍可识别出为一只头朝墓门的镇墓神兽，其用笔手法为墨线勾勒出轮廓后涂以朱彩。镇墓神兽气势威猛，张扬奔放，怒目圆睁，两角后倾贴背，大嘴张开，露出一尖锐的獠牙，背部鬃毛似刀剑般向前竖起，简洁却很夸张，细长刚健的尾巴向上甩起，虽然镇墓神兽身体下部及后部彩绘泥皮脱落，但其向前急速奔跑的气势依旧栩栩如生，似为一只行进中的神龙，其尾部近边框处伸出一支红彩花蔓，可能为忍冬。

镇墓神兽南部紧靠墓门处朱书甬道西壁壁画脱落损坏较为严重，从残存的头部和身躯分析，隐约可辨为一只头冲墓门、大眼圆睁的猛虎，其后背弓起，身躯稳健，惜大部残毁。若甬道东壁为青龙的话，那西壁猛虎形象当毋庸置疑。

四

大面积壁画全部集中在墓室，在墓室四壁，均有壁画，但保存情况不同。北壁直对墓门，为正壁，壁画保存

图二　大同富乔发电厂九号墓正壁宴乐图

完好；东西两壁为侧壁，壁画保存状况也较清晰；南壁仅在墓门两侧有壁画，壁画靠近墓门，可能水浸较多，保存情况不好，绘画内容已经看不出来。四壁绘有狩猎图、墓主人宴饮图、杂耍乐舞图、人物图、牛耕生活图以及车马毡帐图等内容，场面宏大热烈，内容丰富多彩，线条简洁流畅，风格朴实豪放。

北壁为正壁。面积约为 5 平方米（图二）。正中部分为墓主人宴饮图，瓦顶厅堂之上，墓主人身着鲜卑帽服坐于榻上，形体较四周其他人物高大，头戴黑色鲜卑官帽，身着交领红色袍衫，脸庞方圆较大，五官漫漶不清。围榻之后左右各立侍女一名，仅露出胸部以上，二人装束一致，头梳矮髻，两侧垂短发，眉毛修长，鼻梁挺直，面容丰满秀丽，着圆领紧身衣。墓主人右侧是一位头戴白色风帽的近侍，风帽垂帘向后飘起，侍者着白色交领袍服，交领处和袍服下部施红彩，面部彩绘几乎全部脱落，双手拢于胸前。墓主人左侧也立两位拱手侍立的侍者，此二人右侧一位身材较高，头戴山形白帽，垂目侧视，身材较矮者头戴白色高帽，飘带垂于脑后，二目微闭，二人装束一致，上身着白色交领长袍，下身着竖直条纹的裤子，似着黑靴。墓主人正前方摆一桌腿中部外凸的供桌，桌上置一椭圆形红色食盒，其右侧为一位身着短袍、下着长裙的侍女，身体前倾，高高扬起右手举向食盒，手中似有飘带向右侧飘去，左手平举似端一物，身姿曼妙优美，隐约可见其含笑兴奋的神态。供桌左侧和前面摆放着红、白、黑几种颜色的细颈鼓腹圈足壶，鼓腹篮、黑色蹄足鼎以及伸出一勺把的大型罐，可能为盛酒器。器具左侧立一位头戴黑色鲜卑高帽，身穿交领袍服，下着裤子和黑色鞋子的侍者，面部神情模糊，两手拱于胸前，帽带向后扬起。右侧也垂立侍者二位，形体较为高大，左侧侍者头戴黑色鲜卑帽，垂裙向后翘起，眉毛平直修长，两撇八字胡，下巴留有髭须，身着“V”领红色袍服，下部似为白色褶裙，着黑鞋，双手拢于袖中。其身后侍者头部已经残毁，着白色条纹袍服，红色裤子，黑鞋，双手同样拢于袖中。

北壁墓主人宴饮图左侧壁画损坏较为严重，只可见上部为四个面向墓主人的人，仔细观察，右边三人均戴白色薄帽，与中部戴白帽者相同，唯独左边为胡人长相，深目高鼻。中部又有四人，漫漶不清。壁画下部为一牵马形象，马健硕丰肥，马鞍马镫俱全，背上驮着白色布袋，牵马者短衣装束。

北壁墓主人宴饮图右侧壁画为杂耍乐舞图，保存较为完整。底部着白色交领条纹服红色裤子者，身体前倾，臀部翘起，右手置于臀上将肩膀撑起，头歪于肩上，双目紧闭，嘴角上翘含笑，左脸上承托一向上的“十”字形杆柱，由左手举起，杆柱下侧横杆两侧向内弯卷。两裸体伎乐头梳小髻，一手紧抓杆柱，一手伸开，一腿紧蹬杆柱底部，一腿弓起维持平衡，杆柱中部一人两手两脚紧攀杆柱向上攀登。其两侧分别为一两手展开，反身跃起的乐伎，右侧乐伎头发下垂似为女性，杆顶部平置一人，双臂张开寻求平衡。六人均为裸体，表演场面热烈而生动。下面举杆者身后一人头戴高帽，淡红色窄袖交领短袍腰间束带，下身着裤子，身体前倾，两臂伸开上举，笑容憨态可掬，似正为精彩的杂技表演欢呼喝彩。举杆者前方为一手执琵琶者，其人头戴白色小帽，脸型瘦长，回首注视着举杆者，上身穿红色紧身袍衣，衣摆下部凹凸有致，下身着白色裤子和毡靴，俨然西域人打扮。杂耍图右侧最上部为四位头戴尖帽、着紧身衣、手舞足蹈的舞者，四人动作各不相同，有的双手伸开，有的双手置于胸前，双腿或弯曲，或独立，但壁画蚀泐较为严重，已经模糊。此四人下部又立三人，隐约可见最左侧一位深目高鼻，白色短袍腰系红带，似张开两手；中间脸庞丰圆者似也在兴高采烈地往前奔，而最右侧一位则头梳后翘的小辫，身穿浅绿色圆领短袍，双手交置，浓眉大眼，正注视前方。此三人下部为已经残毁的两人痕迹，可能同其左侧手执琵琶者一样，也手执乐器，但破坏较为严重。整个杂耍乐舞图活泼欢畅，表现了墓主人生活之一个侧面。

图像是特殊的历史文化载体，有它独特的记事语言，凝聚着许多历史文献缺载或语焉不详的信息，通过对比释读，可以了解社会多方面情况。

正壁画面内容非常丰富，首先从墓主人梁拔胡身着衣帽来看，与大同沙岭北魏太延元年（435）的鲜卑人侍中、主客尚书、平西大将军破多罗氏之墓壁画中的墓主人基本相同，形状一样，高低略有差别，均为中部隆起，两侧有俩宽带或者说帽翅的黑色帽子。这种帽子，我们在大同智家堡北魏墓石椁壁画中也看到过，墓主人衣帽就是这个样子，在沙岭破多罗氏墓棺板画中，也都见过。

鲜卑帽的遗存形象很多，吕一飞先生专门写过《鲜卑帽》考证一文，吕一飞先生写的鲜卑帽在云冈石窟鲜卑供养人形象中和许多出土鲜卑人陶俑中就可以看到，帽子与梁拔胡等高官戴的比较，冒顶两侧较直较高，帽顶浑圆，帽子后沿有一布，又窄又软，下垂过肩，亦称“垂裙帽”。

梁拔胡戴的帽子究竟是什么帽子？我们认为，梁拔胡不是鲜卑人而戴着与破多罗氏相同的鲜卑帽，有两个可能：一是社会上特别是官场流行鲜卑服，这是汉族或其他民族官员们鲜卑化的时髦表现；二是这种服装就是当时在普通鲜卑帽基础上改进制定的官服。考虑再三，我认为后者的可能性更大，这种衣帽不是时髦鲜卑服饰的表现，而是朝廷的鲜卑官帽。作为鲜卑高官的肖像画，不得不戴的官帽，所以才能在官僚墓肖像画中全部存在。能够认定鲜卑官帽，意义较大，当然，这只是初步推测，还需要更多考古资料的验证。

另外，在其他墓葬墓主人画像中，如大同智家堡北魏墓石椁壁画中、大同沙岭北魏破多罗氏墓壁画和棺板画中，我们看到的墓主人画像均是夫妇二人，而在梁拔胡画像中，只有男主人一人。之所以出现这种情况，我认为有一种解释，即尽管墓室中存在两棺和两具人骨，但是梁拔胡显然去世在前，壁画是在他入葬前完成的，所以只画了他一人。等以后其夫人去世入葬时，大概后人不继，家道衰落，无力大办，只将棺木送进墓室，却没有改动重绘墓室壁画。

在墓主人画像右边，是许多侍者形象，其中一个胡人形象引人注目，说明胡人早在文成帝时期，已经与高级官员紧密联系。右下方的牵马出行图，在大同沙岭北魏破多罗氏墓壁画业已出现，逐渐发展成独立画面，成为北朝壁画的重要组成部分。

在墓主人画像左边，是许多伎乐者形象，这种伎乐者成为墓葬壁画《燕乐图》的组成部分，是首次出现。在大同智家堡北魏墓石椁壁画中、大同沙岭北魏破多罗氏墓壁画和棺板画中，没有这种伎乐者形象，在大同雁北师院宋绍祖墓画面内，有乐者形象，但不是为墓主人演奏的乐者，倒像是墓主人本人。值得注意的是，这些伎乐者所用乐器，均为琵琶等丝绸之路来的乐器，与云冈石窟中见到的乐器可以参照比较，也说明这些乐器确实在社会上开始流行。至于耍杂技者，在宋绍祖墓也出土有耍杂技陶俑，可以互补。

五

东壁面积约为 5 平方米。东壁绘有大型狩猎图（图三），保存较为完整。整个图卷用黑彩和红彩勾勒出三角形连绵起伏的山峦，将画面分成四个部分，每一部分独立成卷却又都表现了满山野兽惊慌奔走、猎人张弓欲射的内容，其空隙处施以红彩勾勒出的树木枝桠。东北角最下一部分仅绘两只相向奔跑的小鹿及几株小树。中间一部分几乎占据了整个东壁的北半部分，期间猎狗矫健，雄鹰翱翔，虎豹咆

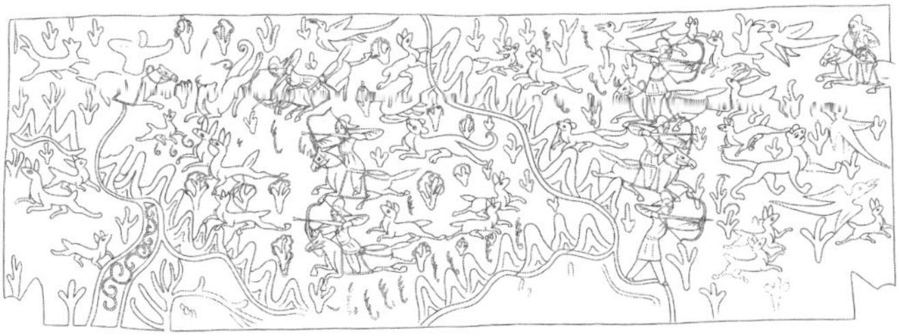

图三　大同富乔发电厂九号墓东壁狩猎图

哮，惊鹿疾驰，豺狼落魄，狐兔奔命，三位猎者头戴白色高帽，身穿红色紧身袍衣，策马张弓，飘带后扬，风驰电掣般追赶猎物，整个场面紧张而激烈。其下部一部分已经剥泐不清，而其右侧部分也占据了整个画面的南半部分，内容与北半部分类似，只是出现了弃马徒步射猎者。整幅狩猎图气势宏大，激情洋溢，似乎正是墓主人生前的气魄之所在。

众所周知，鲜卑族源于大兴安岭，一度活动于呼伦贝尔草原，初期是一个“畜牧迁徙，射猎为业”的民族，虽然在长期发展中，农业逐步渗透，但射猎仍然是主要产业，至少在定都平城初期还是如此。因此在北魏平城时代，遗留下不少北魏狩猎的图像资料，这些图像资料和文献资料相结合，我们可以更清楚了解狩猎在北魏的变化踪迹。

北魏的狩猎分为几种，有一种是皇帝举行的狩猎，这种狩猎往往与军国大事有关，至少是为了军事演习，锻炼将士。狩猎行为不仅关系到军事，也是一种生产，一种鲜卑族原始的传统产业。《魏书》卷二十五《长孙嵩传》记载：“世祖即位，进爵北平王，司州中正。诏问公卿：赫连、蠕蠕征讨何先？嵩与平阳王长孙翰、司空奚斤等曰：‘赫连居土，未能为患，蠕蠕世为边害，宜先讨大檀。及则收其畜产，足以富国；不及则校猎阴山，多杀禽兽皮肉筋角，以充军实，亦愈于破一小国。’”从道武帝到孝文帝，皇帝举行过多次狩猎，或称猎，或称畋，或称狩，或称田，名称不同，性质一样，就是为了练兵备战。皇帝狩猎数量在文成帝前较多，文成帝始，逐渐递减。到孝文帝时，已经不见狩猎记载。这组数字变化的背后，反映着统治集团对狩猎及其意义重视程度的改变，以及狩猎所代表的游牧经济方式的地位降低。具体地说，狩猎原是鲜卑族的重要经济来源，随着政权建立膨胀，疆域扩张，其性质也由生产向军事变化，军事的成分越来越浓厚。都城迁洛以后，狩猎的性质发生了变化，由军事性质向娱乐性质变化。为什么会发生这种变化，一是生产重心由畜牧转向农业，二是迁都，失去了畜牧狩猎的自然环境。但是在平城时代，由于自然条件尚好，民间狩猎盛行，从达官贵人到普通人，受鲜卑传统习惯影响，都喜欢狩猎。这种狩猎既是为了获取食物，也是为了继承传统产业，发扬尚武精神。在考古资料中看到的，主要是民间的狩猎活动。如大同沙岭北魏太武帝拓跋焘时期的壁画，在该墓出土的漆片上，就有狩猎内容，一个鲜卑男子骑在马上，放马奔驰，弯弓搭箭，正在射猎。在大同电焊条厂北魏墓葬出土的棺板上，也有跪射图、骑马刺兽图、骑马射兽图、逐兽图等狩猎内容。湖东北魏墓棺板画也非常精彩，山林间，身着当时流行的绔褶服的男士，骑着矫健的骏马正在围猎，一只猛虎被长矛刺中了头部，旁边的几只羊也被流箭射中。

智家堡沙场漆棺画面是，河流为界，右侧为狩猎内容，画面上排左侧绘一着圆领红色褶服、腰系革带、右侧挎黑色箭囊、囊内插箭、穿黑鞋、脸上蓄络腮胡的徒步猎者，弯弓欲射迎面而来的一只野猪，下方绘野兔仓皇逃跑。右侧绘一头戴垂裙皂帽、身着交领窄袖黑边蓝色上褶、下身穿红色裤、着黑鞋、腰系革带的骑士，正策马向左疾驰，回首弯弓仰射，跨下红色骏马、土黄色箕形障泥及络头、鞧带描画清晰。下排画面细部漫漶不清，但仍可观其原貌，有骑马弯弓欲射的骑士作夹击野兽的场面、有俯射和远射的、箭头绘成倒三角形，其间山兽飞鸟惊惶逃跑，穿梭于崇山茂林中，生动地再现了山林世界人马奔腾的场面。

大同迎宾大道北魏墓群 M16，猎者身佩箭囊张弓搭箭或手握长枪，骏马疾驰呈前后夹击状，崇山峻岭内虎、鹿、羊等动物受到惊吓四处逃散。

内蒙古和林格尔与包头一些北魏墓壁画中也有狩猎内容，类似内容，在宁夏固原北魏墓棺板画中也有，内容大同小异。

以上这些狩猎图都见于棺板之上，有骑马射猎的，有步行狩猎的，皆反映了鲜卑族的狩猎场面，成为该时期墓葬绘画中最常见内容之一，证明这是北魏社会生活中的重要组成部分，间接反映了生产力水平和其他情况。但是绘画面积最大的，却是梁拔胡墓的东壁，只有梁拔胡墓，才单独在一面墙壁上绘制狩猎场面，其表现的崇山峻岭、漫山遍野都是来往奔驰的猎人、动物、飞禽的狩猎场面、气势，非一般棺板画可以比拟。奇怪的是，梁拔胡只是一个文官，也不是鲜卑人，也是如此重视狩猎，可证明在当时，狩猎确是生活中的大事，是关系到个人、家庭和国家的大事，是集中表现成年男子勇敢、胆识、机智和射技的实战运动，也是非常刺激的运动，故上到皇帝，下至百姓，都很酷爱狩猎活动。

六

西壁面积约为 5 平方米。西壁壁画中部用两个向南的红色条带将壁画分为南北两部分，北侧绘耕牛、舂米等生活图像，南侧以车马毡帐图为主（图四）。北侧部分由红色条带将画面分为四个部分，其右上角绘三头并列的耕牛，牛角前倾，牛眼圆睁，鼻穿缰绳，前蹄抬起，中间一头为白色，其余两头为红色，最外侧牛尾分明是马尾状。耕牛图左侧为舂米图，其上部为一梯形木架，下有一口红彩涂就的方形水井，一人头戴小帽，身穿红色交领紧身衣和白

图四　大同富乔发电厂九号墓西壁生活图

色裤子，双手紧握木桩，一脚踏着舂米的木杆，目视前方，专心舂米，木杆的另一头左侧也有一人，惜已模糊，可能在协助舂米。舂米图下部左侧红色框内为三匹马或驴，最外侧一头前蹄腾起，似作嘶鸣状，内侧两头则静静直立。马的右侧部分为一梯形瓦垅屋檐下，一人头戴小帽，双手交置下垂坐于一高台之上，目视前面灶台，似正在煮饭。

西壁南北两部分之间用布幛隔离，南侧壁画脱落较为严重，但还能看出这是一幅野外饮宿图，其北端上部为一红彩勾勒的盖状物，明显为方形毡帐的顶部。其南端为一撑开的“人”字形篷子下似置一两头上翘的轿车。最南端一人头戴黑帽，浓眉小眼，红色袍服较为宽大，其余画面漫漶不清，隐约可见三个上身着袍、下身着裙的人物形象，围着一个坐着的人。空隙处填以红彩枝桠。

西壁的壁画内容也很重要，展示了平城时代官僚生活的又一个侧面。从西壁北半部分看，主要有耕牛图、舂米图和煮饭图。前两个部分反映了农业在平城时代已经越来越重要的情况。从西壁南半部分看，使用布幛与北半部隔开，布幛在北魏壁画中屡被使用，如大同沙岭北魏破多罗氏墓南壁壁画，在中部就有一个醒目的布幛，一边是室内活动，一边是室外活动。在梁拔胡墓壁画中，布幛南部，使用毡帐、牛车、人物等，展示了一幅野外生活的场景，表明这在当时具有普遍性，是日常生活的主要内容。方形毡帐在北魏墓中已经出土，如司马金龙墓和宋绍祖墓，均出土过方形毡帐和圆顶毡帐。以上材料证明，鲜卑人在平城时代，还保留着传统的游牧生活方式，非常重视室外活动，如聚会、饮酒、娱乐等，其活动范围远远超出史书记载。了解这些细节，更有助于理解孝文帝迁都及汉化带来的巨大变化。

七

大同富乔垃圾发电厂九号北魏墓是继 2005 年北魏沙岭壁画墓之后，大同市发现的又一座保存较为完整、带有明确纪年的北魏壁画墓，这在北朝考古研究中是弥足珍贵的考古材料，其对研究富乔垃圾发电厂北魏墓葬群的确切年代和发展序列具有重要而可靠的参考价值，同时，也对研究北朝文化尤其是北魏平城时代的文化具有重要的意义。

该壁画墓内涵丰富，是目前发掘的北魏墓葬中不可多得的保存较为完整的壁画材料和文字资料，不仅让我们了解了北魏重要生活场景，而且为研究这个时期北魏社会生活、文化习俗、服饰风尚、民族融合的情况以及北朝美术考古等方面开拓了更广泛的研究空间。

本文原载《中国社会科学报》2009 年 11 月 5 日，发表时曾做删节，借这次发表，恢复原先内容

忻州九原岗北朝壁画墓

九原岗北朝壁画墓位于忻州市忻府区兰村乡下社村东北约 600 米，是忻州市市级文物保护单位九原岗墓群中被盗较为严重的一座。2013 年春，山西大学考古专业研究生发现该墓壁画被盗，通过老师转告给省考古研究所。六月下旬，经国家文物局批准，由山西省考古研究所与忻州市文物管理处联合组成考古队对其做抢救性发掘，经过两年多的考古发掘，共清理壁画约 200 余平方米，出土数十件陶俑残片及陶器残片，同时对壁画进行了初步的加固与现场保护。

一、地理位置

九原岗北朝壁画墓位于忻州市忻府区兰村乡下社村东北约 600 米处，北距范野村 800 米，西距 108 国道 1500

米，是忻州市市级文物保护单位九原岗墓群中一座带有封土的墓葬。整个墓群地势西北高东南低，呈缓坡延伸至牧马河。

二、墓葬形制

该墓为带斜坡墓道的单室砖墓，坐北朝南，方向为北偏西 3°。由封土、斜坡墓道、甬道、墓室四部分组成，南北总长 41.5 米。经钻探，墓葬周边发现有围墙遗迹。

1. 封土堆

封土堆现存为不规则圆形，直径 6.5~10 米，高 4.2 米，表土长满荆棘杂草。封土堆为浅黄色粉砂土夹杂红土块夯筑而成，下半部分夯土质量较好，质地坚硬，夯层厚 0.1~0.12 米，上半部分夯土质量差，夯层厚 0.4~0.6 米，夯窝直径 0.1 米，深 0.015 米。封土西侧有一现代盗洞直通墓室，对墓葬造成极大破坏。

2. 斜坡墓道

斜坡墓道位于甬道南部，平面呈长方形，开口距地表深 0.5~0.6 米，长 31 米，坡度 15°。墓道上口宽于底部，上口宽 3.3 米，底宽 2.5 米，北端深 6.47 米。墓道东西两壁呈阶梯状，自上而下分为四层，每层台阶宽 0.05~0.06

米，每层向内收 0.25 米。

根据解剖情况可知，墓道修筑方法是：先开挖长方形土圹，再在东西两壁自下而上用土坯以一平一顺的方式垒砌两道有台阶的墙壁，然后在土坯墙上抹 1~2 厘米厚的草拌泥，之后在草拌泥层上抹 0.4~0.6 厘米厚的白灰，最后在白灰表面进行绘画。土坯墙体下宽上窄，底部墙体宽 1.35 米，上部墙体宽 0.55 米。另外，墓道开口中北部白灰壁画地仗及北墙抹的白灰壁画地仗上部倒卷向原地表，宽 0.3~0.35 米。西壁倒卷地表的白灰长 14.45 米，东壁凸卷起来的白灰长 15.3 米。南部已经被耕土层破坏。墓道北壁下半部为砖砌，上半部为土坯，宽 3.37~2.5 米，高 6.47 米，其上彩绘壁画。

墓道中部填土和东壁分别有一个圆形盗洞和一个圆角长方形盗洞，两个盗洞都是挖至墓道底部后沿着墓道东壁第三层和第四层进入墓室，东壁第四层壁画几乎全部被毁。

3. 甬道

甬道位于墓道和墓室之间，平面呈长方形，长 3 米，宽 1.86~1.95 米，墙体厚 0.7 米，高 3 米，拱形顶。用长方形条砖以三层平砖一层竖砖为一组的方法错缝垒砌，从第 4 组开始起券。

甬道南端原有石门墩、石门槛、石门框、石门等。石门墩和石门已被盗走，石门框被破坏。甬道内地面由于盗墓原因凹凸不平。石门框和石门槛散落在盗坑内，石质均为石灰岩。甬道南部上方残存有石门楣，门楣立面呈半圆形，下端分别嵌入东西两侧墙壁内，高 1 米，宽 2.03 米，厚 0.24 米。门楣下方东西两侧各有一个圆形凹槽，直径 10.5 米，深 0.07 米。门楣东侧浮雕一朵莲花，直径 0.18 米。西侧莲花被毁。门楣东西两侧各凿有一个方孔，边长 0.07 米。

甬道北部近墓室处残存有封门墙，用条砖垒砌而成，残高 0.42~0.64 米，宽 0.5 米。甬道地面原为条砖铺砌，砖面上抹一层厚 0.8~1 厘米的白灰。

该甬道门额上方还砌一道墙壁，暂称为门墙[①]，是用砖和土坯垒砌，上半部是土坯，下半部是砖。土坯层数为 16 层，土坯垒砌墙体高度是为 1.55 米，宽度上部 4.3 米，下部 4.1 米，墙厚为 0.37 米。土坯墙下面是用砖垒砌的墙体，砖墙高 4.97 米，上宽 4.1 米，下部宽为 4 米，厚 0.32 米。门墙的作用，一是作为影壁，二是用以绘制壁画。

4. 墓室

墓室砌筑于边长 8 米的方形土圹内，平面呈弧边方

① 北齐文宣帝高洋墓也有此墙，称门墙，今延用此名称，不过似乎称影壁更贴切。见中国社科院考古研究所《磁县湾漳北朝壁画墓》。

形，边长 5.85 米。穹窿顶，高 8.4 米。四壁墙体厚 0.45 米，用条砖以三平砖一竖砖为一组的方法错缝垒砌，至第九组开始平砌起券。墓室墙体表面原皆有壁画和地仗层，做法与墓道的地仗相同。墓室地面铺砖为错缝平砌，砖上抹一层草拌泥和白灰。棺床位于墓室西部，平面呈长方形。棺床用 2 层土坯垒砌而成，其外包砖，床面铺两层条砖，砖上分别抹一层厚 1~1.4 厘米的草拌泥和厚 0.8~1 厘米的白灰。棺床中部偏南白灰面上有草席痕迹，偏北处发现有彩绘痕迹。

墓室西部偏北处有一个不规则的盗洞，高 2.2 米，宽 0.6~0.7 米，由封土西侧进入墓室。墓室内残存有棺板，其中最大者长 2.71 米，宽 0.44 米，厚 0.07~0.1 米。另有一块残棺板上有贴金。墓室北壁中部墙体被盗墓者拆除，露出墓圹内夯土，夯层厚 0.1~0.13 米。

墓室四壁壁画大部分已无存，仅保留有墓室顶部的星象图和墓室东壁上部的三足乌形象和西壁的蟾蜍形象。从墓室填土中出土的壁画残片数量来看，墓室四壁壁画被大面积盗揭的可能性较大。墓砖有三种规格，31.5 × 20 × 3.5 厘米、30 × 15 × 4.5 厘米、27 × 13.5 × 4.5 厘米。砖的一面有绳纹，部分绳纹呈规则或不规则的菱形。其中一块砖面上有动物踩踏留下的蹄足印，直径 7 厘米。

从解剖情况和盗洞壁面观察可知墓室的砌筑步骤为：先在筑墓前从地表向下挖一个边长 8 米，深约 7 米的方形墓圹，然后用条砖砌筑墓室和甬道，墓室券顶高出地表 1.95 米，然后堆土夯实，是为封土。墓室修建后，再修建墓道两壁，最后才绘制壁画。

三、出土随葬品

由于墓室多次被盗，出土随葬品很少，均为器物残片。其中以陶俑残片最多，陶器、瓷器残片次之，另有少量陶马、陶猪、陶骆驼等动物模型和陶灶、陶井、陶仓等模型残片。可辨识的陶俑有武士俑、仕女俑等。陶器器形有罐、壶、盘、碗等。

1. 陶瓷器

陶瓷器残片很多，现在已经修复的有青瓷八系罐、陶罐、陶盘、陶壶、陶碗、陶盆、陶仓、陶井、陶灶等。

2. 陶俑

出土数十件的个体，没有完整陶俑，多为俑头或俑身，有武士俑、骑马武士俑、文吏俑、侍女俑等。

四、壁画

该墓壁画分布于墓道东、西、北三壁和甬道墓室，墓道壁画自上而下各分为四层，左右两侧题材和布局基本一样，具体内容有别。第一层的内容是活动于流云中的奇禽神兽、龙鹤仙人、雷公风伯等；第二层壁画是马匹贸易图和我国目前发现的面积最大的围猎图；第三、第四层壁画是出行图和回归图。这些图都是细黑线勾边，然后以红色、黑色、白色、蓝色、黄色、紫色诸彩填绘，线条流畅，变幻无方，画面灵活生动，背景人物，远近有致，显然经过精心安排。

1. 墓道西侧壁画

第一层壁画，是图说古代传说和神话，长 27.7~31 米，高 0~1.67 米。具体内容是活动于流云中的奇禽神兽、各种仙人。但是保存情况很糟，近墓道口处的壁画几乎都被挤压成小碎块，成鱼鳞状碎片。尽管采取边发掘边保护的方法，还是因为破损和缺失，不易辨认。离墓道口较远处，保存状况较好。该层可辨认的仙人和奇禽神兽共 19 个，被云气间隔环绕，向墓道口方向飞奔。

从墓道口向北望去，首先是朵朵祥云，瑞气缭绕，其次是一个神兽，上身已残，下身尚存，赤着两腿，向墓道口奔驰。随后又是一个怪兽，身体几乎完全残损，无法辨认。后面云气弥漫，一个人面蹄足的异兽，半蹲在地，正欲抬蹄前行。在它之后不远，有一个头披长发的仙人，手持一柄麈尾飞步奔驰。紧随其后，又有两头猛兽，其中一只口叼骨头。二兽之后，有一个仙人手举麈尾，骑一条大鱼，在云海飞行。接着是一个神兽，赤手空拳，张牙舞爪。其后是一个短发秃顶的仙人，骑在一头疾奔的动物背上。从该动物龙头兽身的形状看，类似传说中的瑞兽麒麟。令人惊讶的是，在麒麟上方，绘着一个光芒四射的太阳。后面又是一个神兽和一个挥麈奔行的仙人。仙人之后，云气之间，是一个头留双髻的女子骑着一头仙鹤。然后，是三只神兽相继而行，第一只身形瘦小，第二只身体硕壮，双手举一巨石，第三只身体在十余面鼓组成的圆环中，似为雷公。雷公后，是一头翼马，口衔老虎，四蹄飞奔，正是《山海经》和《管子》记载中的“驳”。其上方，是一头展翅飞翔的巨鹤（图一）。最后一组，是一位仙人和一只神

图一　西壁壁画局部

兽，仙人在上，手举麈尾，发须眉目，画得惟妙惟肖。神兽在下，腿臂毫毛毕现。

第二层壁画。二、三、四层壁画，均为纪实性画面，描绘的是现实生活中某些场面。第二层壁画长 15.5~27 米，高 0~1.5 米。内容主要为马匹贸易与狩猎，共有 18 个人物，由具体情境分为马匹贸易与狩猎两类题材六组人物。由墓道口看，先是绘制着一些土丘树木，其间有些动物。其后在两山峦之间，有三组人物，第一组中间是一匹马，马前后各站一男子，似在交谈。第二组为四人围绕一马交谈，其中一观马者为胡人，马后是一个肩挎小包女扮男装的年轻女子。第三组也是四男子环绕一马站立，前面的牵马者为胡人。此三组题材相同，似在表现贸易马匹的情景。再后又是高低起伏的山林，山丘之间，又有三组人物，题材围绕狩猎展开。需要说明，根据全部壁画看，结合此地区古代诸部落有以围猎练兵的历史背景，可知围猎者不是普通猎户，而是部落军队成员。第一组是两个骑马者，手持长矛弓箭，追逐群鹿。其中一人头戴宽沿笠帽，似为首领。张弓搭箭，对准一头狂奔的大鹿。后一人腋下半夹半握一旗帜，紧随其后，当为传达号令者。第二组在山林之间，俩人正在猎虎。前面骑马者手持弯弓，回身对准一头扑在马尾上的老虎，正欲放箭。此构图与波斯银盘上国王狩猎构图极为相近。虎后又有一骑，骑者手握长矛，赶上来刺虎。第三组是四个军士骑马疾冲，追赶着大群动物。

第三层壁画。长 12.1~15.5 米，高 0~1.65 米。是一幅出行图。共有 18 个人物。均为右腿前，左腿后，向墓道口方向行进。按内容可分为两组：第一组描绘的是丘陵之间，有小动物奔跑，还有一个骑者在放鹰逐兔；第二组是 17 个步行的壮年武士，腰挎弓箭，排着队前进，诸人装扮各异，甚至有的以兽皮为衣。

第四层壁画。长 9.2~12.1 米，高 0~1.65 米。共有 8 个人物，1 只神兽。画面分两部分，前面一部分是山丘树林，其间隐约可见一些旗帜营寨。后面一部分，内容为回归图，绘着 8 个步行的壮年武士，腰佩长刀，左腿前，右腿后，由外向墓室方向行进。在墓室口，站立一个手握长刀的神兽，面向武士队伍。

2. 墓道东侧壁画

第一层壁画，长度和高度与墓道西侧的相同，长 27.7~31 米，高 0~1.67 米。内容也是活动于流云中的奇禽神兽、各种仙人。可辨认的各种仙人和奇禽神兽共 22 个，活动于各种形状的云朵间，多是向外飞腾。

从墓道口向内，先是祥云瑞气之间，有 7 个已经残缺的奇禽神兽和仙人，仅留腿部，得以勉强辨认是禽兽或是仙人。其后是一个羽人，肩带双翼，手挥麈尾。再后是一头神牛，头上两角外，鼻子靠后，又生一小角。牛后面，是一只神兽，后半身被一个盗洞破坏。盗洞后面，是一只短翅巨鸟，爪牙锋利，喙微张，口吐长舌。大鸟之后，是一位头飘三缕长带、手举麈尾的仙人。离仙人不远，是一头半蹲欲起、口吐长舌的雄狮。再后面，是一位长发向后飘扬、右手抓袋、向外疾行的仙人，应是风伯。紧跟着风伯的，是头双臂挥舞、腿带羽毛、大步向前的神兽。之后是一男子骑在龙背，似为御龙飞行。龙后又是跨着大步，左手握麈的仙人。紧随仙人，是一头巨禽，两爪尖锐，急速奔行，上方伴飞着一只小鸟，似与它竞赛（图二）。巨禽之后，似一头四蹄扬起，向外奔跑的獬豸。随后又是一个口吐长舌的神兽。最后，是一只口衔瑞草，半飞半跑的仙鹤。

图二　东壁壁画局部

第二层壁画，长度和高度与墓道西侧相同，长15.5~27米，高0~1.5米。内容主要为狩猎，共有19个人物。根据画面内容，大致分为两类题材七组人物。由墓道口看，先是绘制着一些起伏低矮的土丘，其间有虎熊等动物。其后在山峦之间的一处平地，有三组人物。第一组为一人站立，手牵一马，马后立着两位女扮男装者，正在挥手交谈。第二组为一男子牵马，另有一男子立在马内侧。第三组是一男子牵马，马内侧立着两位男子，其中一人肩挎胡床。这三组题材相同，也是在表现马匹贸易的情景。其后是一望无际的山林，丘陵之中，又有四组人物，题材与墓道西侧二层的相同，也是围猎。第一组是三个骑马者，前后相继，手持弓箭长矛，追逐一群动物。第二组是在山脚一片空地，三位军士正在围杀一头熊。两人手持长矛，一人高举长刀。第三组是三骑疾冲，个个张弓搭箭，驱猎着一群动物。第四组是两骑一前一后，夹击一头立起的大熊。前者握矛，后者举弓。

第三层壁画。长度和高度与墓道西侧三层壁画相同，长度是12.1~15.5米，高度是0~1.65米。内容主要是山林图和出行图。共见14个人物。按壁画内容可分为两组，第一组描绘的是大片丘陵。第二组描绘的是14个步行的壮年武士，装扮各异，腰挎弓箭，鱼贯而行，边走边谈。

第四层壁画。长、高与墓道西侧第四层相等，长9.2~12.1米，高0~1.65米。共有7个人物，因被盗墓者破坏画面，仅残余腿部。画面内容可分两部分，前面部分是连绵起伏的丘陵，其间依稀可见旗帜营寨。后面一部分，内容为回归图，绘着 7 个步行者，腰佩长刀，由外向墓室方向行进。这部分人物应该更多，可惜相关画面被盗墓者毁掉。

3. 门墙壁画（北壁）

这部分画面位于甬道上方的门墙表面，彩绘了一个古代木结构门楼图，门楼高 3.25 米，宽 3~3.3 米。正面是门楼外景，两侧有墙，墙头露出园内树木。门楼设三门，正门宽，侧门窄，正门有两扇门，侧门仅见一扇门。门前有走道，两侧设栏杆。栏杆内用蓝白两色的方砖铺设地面，极其豪华。正门紧闭，门上中部有两个硕大的兽面铺首，铺首上下，共有四排 32 个乳丁。侧门上也有相同的铺首乳丁。侧门两侧，各绘一位头梳双髻的年轻侍女，短靴短裙，胸前有一长方形纱状半透明物体。侧门半启，内各有两位年轻女子（图三）。

门楼立柱、斗栱、额枋、门槛等皆为朱色，斗栱、额枋极为复杂。仔细看，在斗栱、额枋间，张挂一层菱形细金属网，显然是为阻止鸟雀进入建筑内部。该建筑顶部为大出檐庑殿式屋顶，正脊两端是两个巨大的向上倒卷的鸱尾，侧脊前面是两个黑色脊头兽面瓦。正脊与侧脊上，还有几个金属瓦钉。瓦垄之间，板瓦和筒瓦画得清清楚楚，

图三　墓门门墙图

筒瓦头上，都有黑色阴影，或是瓦当。令人瞩目的是，正脊正中，绘制一朵向上的莲花和莲蕾。莲花两旁，是两只高大的振翅朱雀。

4. 甬道壁画

包括甬道门额绘画和甬道内壁画，门额中部彩绘一只朱雀，精神抖擞，口衔草叶。两旁绘一些云彩花草。甬道两壁的壁画，被破坏殆尽。甬道顶部壁画没遭破坏，幸存下来。画中一个神兽，四肢挥舞，向下方俯冲，墓道壁画很少用蓝色，唯独这个神兽，使用了大量蓝色。

5. 墓室壁画

墓室内也有壁画，原为三层，第一层为星象图，基本完整，星象图下部，在东壁现存一个内有三足乌的太阳，西部存一个内有半个蟾蜍的月亮。第二层为四神图，第三层为牛车鞍马出行图。下层壁画高为 1.75 米，中层壁画高为 1.9 米，上层星象图高 4.85 米。除顶部星象图外，其余大部分已经被盗取，以东壁为例，下层现残存壁画高 0.05~0.5 米，中层残留着一只兽爪和身体片段，初步分析，应该为一条龙的图案。最下一层是华盖羽伞的顶部，从残留壁画分析，这应是一个墓主人的出行图。在墓室西壁残存的壁画画面上还残留模糊不清的画面，中层是一头虎，最下一层中心图案不清楚，似为一人骑一马，前后为随者，南侧有一个人肩挎一张胡床，其余随行人物双脚清晰，腿以上模糊。

五、结语

1. 墓葬时代与墓主人

因为没有墓志，只能就墓葬形制、墓葬壁画和随葬品来探求墓葬时代。从该墓葬形制和壁画布局看，该墓与河北磁县北齐湾漳大墓（高洋墓）有许多共性[①]，如高洋

① 中国社科院考古研究所、河北省文物研究所：《磁县湾漳北朝壁画墓》，北京：科学出版社，2003 年。

墓和此墓墓道壁画的白灰地仗层都卷向地面；又如两墓在墓门上方，都专建一道门墙。当时中原地区，墓中修筑门墙的墓已有数例，如洛阳北魏宣武帝景陵（称之为“压券墙”）[①]、河北赞皇东魏李希宗墓、河北磁县东魏茹茹公主墓、北齐湾漳大墓（怀疑是高洋墓）等，以及忻州九原岗北朝壁画墓，均有高低不等的门墙。从该墓墓道壁画第一层布局题材看，北魏以降，神兽图屡见，既见于河北磁县东魏茹茹公主墓，也见于北齐高洋墓、太原北齐东安王娄睿墓、北齐武安王徐显秀墓和北齐顺阳王库狄回洛墓壁画。其仙禽神兽的数量和布局，与北齐湾漳大墓壁画第一层最接近。从墓葬出土器物看，由于自东魏到北齐时间很短，陶器中的陶壶、陶罐、陶碗和陶灶、陶井等模型变化甚微，难以反映较准确的时代。对比山西、河北的东魏、北齐墓葬，该墓的多系瓷罐见于河北东魏墓和北齐墓，太原北齐墓虽然不少，然而没有出土过多系罐。从出土人物俑看，武士俑与太原北齐墓的共性较多，与河北东魏墓出土陶俑共性较少。因此初步推断，该墓葬年代为东魏至北齐早期。

墓主人是谁？因墓志被盗，墓主人身份暂时不清楚。但对比墓葬规模，该墓的墓道长度和宽度小于北齐湾漳大

① 中国社会科学院考古研究所洛阳汉魏城队、洛阳古墓博物馆：《北魏宣武帝景陵发掘报告》，《考古》1994 年第 9 期。

墓，而大于东魏茹茹公主墓以及北齐东安王娄睿墓、武安王徐显秀墓、顺阳王厍狄回洛墓，推测墓主人应该位高权重，是高氏集团的一位重要人物。

清代道光年间，九原岗出土过一方东魏刘懿墓志，“魏故使持节侍中骠骑大将军太保太尉公录尚书事都督冀定瀛殷并凉汾晋建郏肆十一州诸军事冀州刺史郏肆二州大中正第一酋长敷城县开国公刘君墓志铭”[①]。据墓志和史书记载，刘懿（即刘贵）与高欢是布衣之旧和儿女亲家，卒于东魏兴和元年（539）。从现在九原岗北朝壁画墓与河北磁县高洋墓有许多共性看，墓主人身份不低，当与刘懿差不多。但墓志不知具体出自九原岗哪个墓？不便妄推臆测，因此还需要深入研究。

2. 该墓的价值与学术意义

（一）该墓是忻州市发现的首座北朝晚期墓葬，填补了忻州无北朝墓葬的空白。据史书记载，北朝后期，秀荣一带，地方军事力量非常活跃，比如尔朱荣与刘贵，都是当时权倾天下的朝廷重臣,但是一直没有相关的考古发现。目前该墓地的发现，将扭转这种情况，不仅首次以考古资料印证史书记载，而且可以起到互相补充的作用。

① 高维德：《刘懿墓志考辨》，《晋阳学刊》1984 年第 2 期。

（二）该墓的建造有独特之处，典型的有两处，一是墓道的白灰地仗倒卷向地面，这样的例子也见于北齐文宣帝高洋墓。二是在甬道上方修筑门墙，绘画门楼的做法颇为醒目。北朝墓葬有修筑门楼和门墙的例子，如陕西华阴北魏杨舒墓的墓门就是一个简易门楼。洛阳北魏宣武帝景陵，也有这样一道门墙。河北赞皇东魏李希宗墓、磁县东魏茹茹公主墓、河北磁县高洋墓也有墓门墙。如此修建门墙专门绘制大型门楼的式样，是首次发现，值得深入探讨。

（三）这批东魏至北齐早期的墓葬壁画内涵丰富，许多内容未见于其他同时期墓葬，如有一定规模的升天图、马匹贸易图、围猎图、大型门楼图以及多种的人物服饰等，是以前北朝墓葬少见或不见的，显然是研究北朝生活文化和军事演变轨迹的珍贵考古资料。

（四）第一层的升天图内容庞杂，似乎自有体系，既有汉代因素，如许多仙人，包括御龙飞行、乘鹤升天、驳食猛虎等，反映了北朝晚期墓葬绘画和墓葬文化艺术源流，远承战国两汉的神话传说；也有北朝因素，如出现许多畏兽图，畏兽图始于北魏，流行于东魏北齐，展现了北朝的生死观念和精神世界，是研究北朝葬俗信仰的重要资料。

（五）第二层的狩猎图是北朝骑马民族喜好狩猎习俗的历史写照，结合壁画中隐约可见的旗帜营寨，能够推测，此类狩猎，正是北朝秀荣郡一带某些部落“围山而猎”，“好射猎，每设围誓众，便为军阵之法，号令严肃，众莫敢犯”。(《北史·尔朱荣传》)以狩猎练兵的艺术再现，对研究北朝军队训练方式和装备有重要价值。

（六）仪卫出行图人物的服饰与以往出土的北朝将士陶俑或壁画人物服饰整齐的情况大不相同，更多突出了喜用兽皮服饰的习俗和勇猛善斗、突出自我的鲜明个性。武士出行图中出现胡人形象，为研究北朝胡人在中国的活动提供了最新资料。

（七）北壁建筑图再现了一座华丽的北朝门楼，上面有硕大的鸱尾、大出檐庑殿式屋顶、特殊的瓦钉、复杂的斗栱、重叠的额枋、三门铺首、栏杆花墙、彩色地砖等，均是研究该历史阶段建筑最珍贵的资料。

本文是 2015 年 1 月在“中国社科院考古研究所六大发现汇报会”发表的报告

第二辑　丝路纪行

碎叶城中祭李白

这是一个盘桓心头数年的题目，从离开碎叶城的那一刻，我就想，身在遥远的异国他乡，祭祀大诗人李白，是一段难忘的经历，应该记下来。我们在碎叶城祭祀李白，仪式简单，甚至有些粗糙，没有庙堂的祭仪，没有音乐，倒有点像江湖好汉的歃血之盟，豪气干云甚于仪礼详备，但场面和气氛十分感人，既肃穆又令人感动，给我留下深刻印象，至今记忆犹新。

时间是 2015 年秋，新疆师范大学、吉尔吉斯国立民族大学合办“李白与丝绸之路国际学术研讨会”，会议在吉尔吉斯斯坦首都比什凯克市的比什凯克广场酒店举行，会议由吉尔吉斯国立民族大学孔子学院吉方院长库勒塔耶娃·乌木特教授主持开幕，国内学者 30 余人受邀参加了此次会议。

参加会议的国内学者分两拨人，一拨是考古学者和历史学者，一拨是研究古代文学的学者。会议开得热烈紧张，晚上还有专场。10 月 16 日中午，室内会议圆满结束，下午，会议安排了一个田野学术考察，考察围绕会议主题，丝绸之路与李白，选择了几处地点，其中一个是西辽城（布拉那），一个是碎叶城（阿克贝希姆），两城同是丝路重镇。两城均位于吉尔吉斯斯坦的托克马克市，该市是吉尔吉斯斯坦楚河州的首府，附近有不少古城址，最为重要的就是西辽城和碎叶城。两个地点在同一个方向。午饭后，吉尔吉斯斯坦代表返回，中国代表连续乘车考察。

吉尔吉斯斯坦没有高速公路，公路多年失修，车子驶出比什凯克，就开始颠簸，疲倦的代表们在车上午休，被颠得睡着醒来，醒来又睡，下午将近 5 点，才到达第一站。第一站是 Tokmok（托克马克），我们去了三个城址，依次是红河城、西辽城（八剌沙衮）、碎叶城。西辽城遗址所在的城市，位于今吉尔吉斯斯坦楚河流域中部，也是古代东西方商人汇集之地。据说，契丹人被金人打败后，向西迁移，于此处建都，称为西辽城，他们本计划休养生息，来日重返辽上京。结果尝试数次，没有成功，一代比一代糟糕，逐渐泯灭东山再起的雄心，像早先的月支人一样，西迁以后，再不想回归故土。西辽城很大，现在留存着一段段残垣断壁，墙壁高高低低，诉说着契丹人的末代时光。

这里有一个不大的博物馆，展品是西辽城和周围地区出土的古代遗物，陈列比较随意，是上世纪展览风格，灯光很少，主要借助自然光。代表们不在乎陈列水平，注意力集中于展品内容。展品有的和西辽城有直接的关系，有的与中亚丝绸之路关系密切。典型的如陶制葬具纳骨器，长约六十厘米，宽约四十厘米，高度不等，有个共同特点，多是仿制建筑模型，有的仿制房子，有的仿制毡帐，时间在十世纪前后。展品中还有碑额，碑额为四螭垂首样式，显然仿制唐碑（图一）。也有造像，残缺严重，但风格与唐代的很接近。还有几枚中国钱币，圆形方孔，上有汉字“开元通宝”。还陈列着唐代铜镜，看到这些国内平常的出

图一　展品所见碑额

土文物，我很高兴，与看到祆教遗物一样令人振奋。会议三日期间，闲谈得知，大多数代表都喜欢粟特人的遗物，都在从各个角度探索粟特人与丝路贸易和文化交流。我也不例外，不过，对于我来说，我不但想进一步考察粟特人遗物及其文化交流、物贸活动的细节，而且更关心中国文化、技术、商品是如何向西方传播的。文化交流、物贸活动，在古代是对等双向的，我希望看到的出土文物，能够反映东西方的双向互动，进而掌握当时丝路活动的大致脉络。所以考察中国器物与制造技术在粟特地区的传播踪迹，是我本次考察的一个重点。类似这种铜镜、碑刻、铜币、瓷器、马镫等器物，都是可靠物证。

西方的器物和来自东方的器物，都在考察范围之内。西辽城内一批石人像吸引了我的视线，展馆外的原野上，竖立着许多石像，石像后边是平坦的草地。据说，石人大多为楚河州各地收集来的，排列在城址内的草地上供游客参观。许多草原民族有在墓前立石像纪念的习俗，因此，石人等同于墓碑，但比墓碑更形象，一座石像代表着一座墓葬，相当于新疆、内蒙古等地的石圈墓或石堆墓，是游牧民族墓葬的标志。有的石像上还有文字，记载着此人姓名和生世。

走近观察，石人几乎都是突厥人形象，或戴帽子，或留辫发，身穿右衽长袍，有全身像，也有半身像，有老人像，也有中年人形象，有的石像留着浓密的八字胡，有的

图二　西辽城遗址石人像

没有胡须，而且有胖有瘦，造型各异（图二）。我猜测，是不是按照生前长相雕刻的，然而奇怪的是，多是男性雕像，少见女性雕像。无论半身雕像还是全身雕像，均右手抬至胸前，手握一个酒杯。偶见女性形象，也是双手端着酒杯。突厥人善于饮酒，由此可见一斑。我联想，在人类文明长河中，有许多文明是同步发展的，饮酒就是例子，大多数民族，都喜欢饮酒，北朝墓葬壁画中，男女墓主人并坐或对坐饮酒的图像被称为“宴饮图”，已经发现多例，与此突厥人手端酒杯相比较，那种契合或称为共性的喜酒风俗悠然可见。

类似这种石像，在吉尔吉斯斯坦国家博物馆也有陈列，在内蒙古、新疆也曾发现，可见流行这种葬俗的地域非常广袤。我读过几篇有关石人墓的文章，均是讨论突厥人墓葬的，其范围很大，中亚地区突厥人活动区域内，都有这种墓葬。

西辽城还保存一座清真寺宣礼塔，也有数百年历史，塔是圆形，砖石结构，很有气势，听说在维修，不能上去。时间紧张，导游又招呼大家乘车，前往碎叶城考察。

碎叶城位于托克马克东南约 10 公里，车程不足半小时。碎叶城是中文名称，别名素叶城或素叶水城，此地现在被称为阿克贝西姆城址。

唐代著名高僧玄奘西行求经，曾来过碎叶，他在不朽名著《大唐西域记》中记载：“清池西北行五百余里，至素叶水城。城周六七里，诸国商胡杂居也。土宜糜、麦、蒲萄，林树稀疏。气序风寒，人衣毡褐。素叶以西数十孤城，城皆立长，虽不相禀命，然皆役属突厥。”这是玄奘亲自写的行记，明确记载，“城周六七里，诸国商胡杂居也”，表明这里商业气氛浓厚。唐贞观年间，此地“皆役属突厥”，后来，唐朝击败突厥，占领碎叶。

唐朝曾驻军西域，碎叶城是唐朝在西域设的重镇，是中国历代王朝在西部地区设防最远的一座边陲城市。它与龟兹、疏勒、于阗并称为唐代“安西四镇”。碎叶城是仿唐朝中原州城而建，曾经多次修筑城墙。碎叶城之所以有名，不仅是因为曾是唐朝“安西四镇”之一，而且因为它是我国伟大诗人李白的出生地，尤其是前些年对于李白的出生地的争论，更使得碎叶城闻名遐迩。作为文学史门外汉，反而敢于仅凭直觉猜测，李白很可能就是出生于碎叶。李白一生写出那么多宏丽的诗篇，特别是“明月出天山，苍茫云海间。长风几万里，吹度玉门关”，反映出他对边塞地理非常熟悉，当与他出生在碎叶大有关系。

碎叶城在唐代诗文中屡被记载，如唐代诗人王昌龄（698—757）所作《从军行》七首，其中一首是：

胡瓶落膊紫薄汗，碎叶城西秋月团。
明敕星驰封宝剑，辞君一夜取楼兰。

稍后的另一个唐代诗人戎昱（约生于740年前后，卒于800年后）的《塞上曲》：

胡风略地烧连山，碎叶孤城未下关。
山头烽子声声叫，知是将军夜猎还。

另一位唐代诗人张籍（约766—约830）所作《征西将》：

黄沙北风起，半夜又翻营。
战马雪中宿，探人冰上行。
深山旗未展，阴碛鼓无声。
几道征西将，同收碎叶城。

还有唐代诗人刘商（大历年间进士）《胡笳十八拍·第七拍》：

男儿妇人带弓箭，塞马蕃羊卧霜霰。
寸步东西岂自由，偷生乞死非情愿。
龟兹筚篥愁中听，碎叶琵琶夜深怨。
竟夕无云月上天，故乡应得重相见。

唐代诗人张乔（生卒年不详）也写过《赠边将》：

将军夸胆气，功在杀人多。
对酒擎钟饮，临风拔剑歌。
翻师平碎叶，掠地取交河。
应笑孔门客，年年羡四科。

唐代法振（782年前后在世）的《河源破贼后赠袁将军》：

白羽三千驻，萧萧万里行。
出关深汉垒，带月破蕃营。
蔓草河原色，悲笳碎叶声。
欲朝王母殿，前路驻高旌。

这些诗中都提到碎叶城，碎叶是中亚的一个战略要地，军事重镇，唐朝对这里极为重视。

后人也非常重视该地，本次会议上，有五篇关于碎叶城的论文，一是张建林先生的《中国学界对吉尔吉斯阿克贝西姆（碎叶）遗址考古发现的了解与研究》，二是尚永亮先生的《唐碎叶与安西四镇百年研究述论》，三是薛天纬的《条支与碎叶》，四是刘子凡先生的《唐代的碎叶与庭州》，五是吉尔吉斯斯坦学者马如昔奇·弗拉基米尔撰写的《关于建立碎叶历史文化综合中心的设想》，此五篇论文，论述了碎叶城的兴衰演变和百余年来发生的考古工作，提前让我们做足了功课。大家未踏入碎叶，对碎叶城址已是久仰大名，一见如故。

我们所乘大巴不知不觉开进碎叶城遗址，如同北方其他遗址，满眼是黄土丘陵，高高低低，空旷无人，只有蔓草矮树，荒凉颓败，没有庄稼，几条游人践踏出来的小路曲曲弯弯，述说着往年的历史沧桑。“碎叶城，我们看你来了”，我们心里呼唤着，走下汽车。我脑子里却浮现出李白《将进酒》的诗行：

君不见，黄河之水天上来，奔流到海不复回。
君不见，高堂明镜悲白发，朝如青丝暮成雪。
人生得意须尽欢，莫使金樽空对月。
天生我材必有用，千金散尽还复来。

又是李白的《侠客行》：

赵客缦胡缨，吴钩霜雪明。
银鞍照白马，飒沓如流星。
十步杀一人，千里不留行。
事了拂衣去，深藏身与名。

一行人随着导游走向遗址中最高的一处平地，应是一个建筑遗址，从此处远眺，远处高山上已是白雪皑皑，天边楚河流过，泛着银光，城址外，草地上，游荡着一群群骏马。代表们自由站立，围成一圈，怀着对诗仙的敬仰，随着组织者的安排，启动了我们简单的祭奠诗仙李白仪式。首先由我们队伍中德高望重的薛天纬先生（他以前曾是新疆师范大学副校长，曾经担任中国李白研究会会长）朗读祭文，因为是纪念诗仙，祭文也别具一格，记得好像是四六句，向李白及其先人致敬。另诵读七绝一首，由会议代表中河南省社会科学院的葛景春先生所作：

欲观太白祖居风，万里来寻碎叶城。
中吉交情古来久，汉唐丝路贯西东。

薛先生宣读祭文时，组织者给每人发一纸杯，新疆佳酿倒入杯中，祭文宣读完毕，大家齐呼“太白先生，我们看您来了！”一边双手捧杯，喝半杯酒，剩余一半，洒倒周围地上。半杯白酒下肚，不禁豪情澎湃，侠气附体，人人激动，一片呼喊声。更为精彩的是，导游忽然侧身上前，从腰间拔出一把手枪，递给薛先生，要他依照本地习俗，朝天鸣枪招魂，紧接着，葛景春先生和张建林先生各鸣枪一响，三枪过后，一阵静默，祭祀仪式宣告结束。代表个个庄严肃穆，精神焕发，意犹未尽。片刻之间，我领悟到古人“国之大事，唯祀与戎”中祭祀的真谛（图三）。

合影留念后，代表们步下高地，参观四周遗址。早在百年前，这里已被考古学家发现，先后举行多次考古发掘，发现过佛寺遗址，据考证是大云寺遗址。还发现宫殿遗址和道路等，其中，苏联考古学者的发掘比较重要，发现有

图三　会议代表祭祀李白场面

唐代货币、瓷片、石刻等，货币有“开元通宝”和“大历通宝”等。最重要的是，附近出土过唐代大将杜怀宝造像碑，是被一个农民于二十世纪八十年代耕田时发现的，出土时已经严重残损，造像无存，仅余下部题记，题记也是漫漶不清，残存四十余字，记述杜怀宝上为天子，下为父母和百姓祈求冥福和平安。杜怀宝是唐代大将，曾经镇守碎叶城。该碑的发现，既起到证明碎叶城地望的作用，也给碎叶城遗址笼罩了一层厚厚的令人仰视的历史面纱。

离我们祭祀地不远处，还有一片小高地，我们上前参观，原来是一处考古工地，探方还在，没有回填，可能是还想继续在此做工作。导游介绍，这是日本学者的考古工地，发现很多唐代遗物。工地探方不回填，反而成了一景，游客来此，必定参观猜测。我们绕着探方走了一圈，探方不深，二三米之间，总共七八个探方，比起国内一开数百米数千米的探方，实是小巫见大巫。

参观完毕，临上车前，大家在路边一块记事牌上或签名，或留影，然后登车，恋恋不舍地告别了碎叶城。此刻已是夕阳西下，晚霞染红了城址，斑斑驳驳，很有意境。从下车我就产生诗情，一直到上车，诗情渐浓，慢慢形成一首小诗《访碎叶城》。回国前，大家聚会，我也曾将此诗奉献大家，今不揣浅陋，笔录于此，稍作修正，以记此行：

秋深临碎叶，云锁雪山雯。
风送驼铃远，河边牧马群。
李白流万世，把酒敬诗魂。
四镇抚西域，神驹入玉门。

丝绸之路的历史起源

丝绸之路是古代东西方商贸文化之路，虽然其名称源自德国地理学家费迪南·冯·李希霍芬（Ferdinand von Richthofen）1877 年出版的《中国——亲历的旅行结果》（*China*, *Ergebnisse eigener Reisen*）一书中的“Seidenstrasse”（丝绸之路）一词[①]，特指汉代中国和中亚南部、西部以及印度之间的丝绸贸易为主的交通路线。但它已经存在数千年，从产生到明清，期间或盛或衰，经历了几个发展阶段（或时期）。

丝绸之路是形象的名称。在古代世界，中国是最早开始种桑、养蚕、生产丝织品的国家。中国各地的考古材料显示，早在新石器时代文化遗址中，已发现蚕丝生产。

① 王冀青：《关于“丝绸之路”一词的词源》，《敦煌学辑刊》2015 年第 2 期。

1926 年，在山西夏县西阴村新石器文化遗存中，发现了人工切成的半个蚕茧[①]，鉴定并确认其是一种家蚕，为中国人在新石器时代已懂得养蚕抽丝提供了证据。1980 年，河北正定南杨庄仰韶文化遗址出土一枚陶蚕蛹，外观黄灰色，长 2 厘米，宽和高均为 0.8 厘米，基本上是长椭圆形。经北京大学试验室进行 C14 测定，该遗址年代为距今 5400 年左右[②]。另在浙江钱山漾新石器时代遗址，曾发现绢片、丝带、丝线等大量的丝织物[③]。许多考古资料证明，早在新石器时代，我国已经养蚕纺织。

到商周时期，丝织业更加进步，1953 年，在河南安阳大司空村东南发掘的晚商墓葬出土蚕形玉 1 件，保存完整。扁圆长条形，白色。长 3.15 厘米，造型生动逼真。晚商时期的殷墟妇好墓中，出土铜器附有丝织品纹饰痕迹[④]。商代甲骨文中，也出现桑、蚕、丝、帛等字。后世文献中，也记载商代有桑林，如《墨子》《荀子》都记载商朝初年，商汤祷于桑林的传说。成书于战国末年的《吕

① 李济：《西阴村史前遗存》，清华研究院第二种，1927 年。
② 郭郛：《从河北省正定南杨庄出土的陶蚕蛹试论我国家蚕的起源问题》，《农业考古》1987 年第 1 期。
③ 浙江省博物馆等：《吴兴钱山漾遗址第一、二次发掘报告》，《考古学报》1960 年第 2 期。
④ 中国社会科学研究院考古研究所编著：《殷墟妇好墓》，北京：文物出版社，1980 年，第 17—18 页。

氏春秋》，对此事有详细记载，“昔者汤克夏而正天下，天大旱，五年不收，汤乃以身祷于桑林”。桑林，指的就是喂养蚕的桑林，都说明商周时期，丝织业也已成为重要的家庭副业。

丝绸之路当肇始于商周时期，关于这个问题，许多前贤已经做过探讨，最近依然有中外学者根据新出土考古资料加以论证。如牛津大学罗森教授根据山西曲沃晋侯墓、西安张家坡周墓以及其他两周墓葬中发现的红玛瑙珠饰、动物塑像和带有异域风格的器物，认为“在公元前 10 到 9 世纪，伊朗高原和统治现今北方地区的强大周王朝之间可能存在交流”[①]。2002 年，笔者在北京大学听过一个法国考古队在中亚考古的报告，据报告，中亚公元前的墓葬中，曾出土汉代的铜镜和丝织品。公元前后的西方作品，也屡次提到中国丝绸。说明远在秦汉帝国之前，在战国时代或更早，中国同西域各国已有丝绸贸易和其他商品往来，有的甚至远销罗马。

古代丝绸之路的形成发展经历了一个漫长的时期，如果我们给丝绸之路做一个分期，根据其特点，大致可以分

① （英）杰西卡·罗森：《红玛瑙珠、动物塑像和带有异域风格的器物——公元前 1000—前 650 年前后周及其封国与亚洲内陆的交流迹象》，见罗氏《祖先与永恒》，北京：生活·读书·新知三联书店，2011 年，第 397 页。

为四个时期：

第一期，即丝绸之路发端时期，时间可以从商周至秦，该时期的特点是丝路交易已在东西方展开，丝绸已经输往西方，西方的珠宝钻石和冶金术等已传到中国，但是没有出现直接贸易的大商团，似乎东西之间的贸易是不同地域依次分段递进式的。

第二期，即陆地丝绸之路正式形成时期，时间是两汉魏晋，以张骞通西域作为标志，东西方政府之间建立正式外交关系。汉武帝刘彻为打击匈奴，派遣张骞前往联络大月氏。建元二年（前 139），张骞带一百多随从从长安出发，这是古代中国政府派往西域的第一个使团。途中被匈奴俘虏，遭到长达十余年的软禁。他们逃脱后历尽艰辛又继续西行，先后到达大宛、大月氏、大夏等国，史书上把张骞的首次西行誉为“凿空”。公元前 119 年，张骞第二次出使西域，经四年时间，他和他的副使先后到达乌孙国、大宛、康居、大月氏、大夏、安息、身毒等国。经过两次西域之行，东西方政府之间开始较大规模的直接贸易，丝绸作为大宗商品出口至西域诸国，出现大商团，人员互相来往。文化也开始交流，最显著的是佛教传入中国。该时期另一个亮点是，海上丝绸之路出现。

第三期，即丝绸之路大发展时期，时间是北魏至唐五代，特点是再次开通陆上丝路，大量胡商和胡人涌入中国，他们在中国的贸易活动及其带来的文化，对中国产生很大影响，交流的深度和广度远远超过汉魏时期。如北魏迁都洛阳后，据《洛阳伽蓝记》卷三记载：“自葱岭以西，至于大秦，百国千城，莫不款附。商胡贩客，日奔塞下，所谓尽天地之区已。乐中国土风因而宅者，不可胜数。是以附化之民，万有余家。门巷修整，阊阖填列。青槐荫陌，绿柳垂庭。天下难得之货，咸悉在焉。别立市于洛水南，号曰四通市，民间谓永桥市。”唐代，田神功兵陷扬州，“商胡波斯被杀者数千人”。五代时期，山西、河北诸省的胡人规模更多。

该时期，丝绸之路发展的标志还有，草原丝绸之路出现，海上丝绸之路正式形成，外销商品除丝绸之外，瓷器、茶叶等商品所占比重越来越重，经由海上远销西亚欧洲， 1998 年，德国打捞公司在印尼勿里洞岛海域发现一艘唐代阿拉伯沉船黑石号，打捞上来后，现存商品最多者为瓷器，达 6 万余件，证明了大量唐代货物被销往阿拉伯等地；另外丝路东延，也以中国为中心，将西域商品文化传到朝鲜半岛和日本。

第四期，即宋至清末，丝绸之路的规模小于唐代，由于航海技术的发展，海上丝绸之路开始超过陆地丝绸之路，出现了广州、泉州、扬州等大港口，丝路重心由陆地转移到大海。但是沙漠丝路一直互有来往，或盛或衰，从未间断。在此时期，草原丝绸之路开始兴盛，晋商、徽商相当活跃。

在丝绸之路形成发展的历程中，并非一帆风顺，而是历经坎坷，“凿空”难，保持丝路畅通愈难，特别是在丝路发展的第三阶段。

众所周知，魏晋之后，有一个“五胡乱华”的阶段，在此阶段，由于小国割据，北方的沙漠丝绸之路一度中断。公元 386 年，北魏建国后，于 396 年迁都平城（今山西大同市），开始了统一北方的战争。在统一过程中，将许多降民迁来，人口不断增加，最多达 150 万[①]，成为黄河流域最大的城市。

北魏太武帝时，开始派使者出使西域，多次受到北凉和柔然的阻拦，不得成行。西域来的胡商，也屡受刁难。太延五年（439），太武帝拓跋焘率大军攻取北凉前，曾公布北凉国君沮渠牧犍十二大罪状，其中之四便是“知朝廷志在怀远，固违圣略，切税商胡，以断行旅，罪四也”[②]。

拓跋焘攻占北凉后，另一个占据丝路要道的鄯善感到唇亡齿寒，心生二意，拓跋焘又派大将万度归攻克鄯善、焉耆和龟兹，再次打通西域通往北方的交通，使大批西域使者和商人顺利涌向平城，中西交通和交流进入一个崭新的阶段。

① 李凭：《平城时代》，北京：社会科学文献出版社，2000 年，第 353 页。

② 魏收：《魏书》卷九十九《沮渠蒙逊传》，北京：中华书局，1974 年，第 2207 页。

中国古代，与丝路密切交往的城市很多，粗略可分为四类：

第一类，即丝路东段有长期辉煌历史的城市，代表性的如长安、洛阳，从汉到唐，两座城市一东一西，一早一晚，成为丝路东段最大最繁盛的城市，其标杆作用无可代替。

第二类，即丝绸之路文化物贸交流过程中，做过都城，作用很大，耳熟能详的城市，诸如平城、邺城、建康等，都有一段非凡的时期，发生许多丝路故事。

第三类，即丝绸之路东西文化物贸交流过程中，一直在陆地或海上丝路来往中，作为大型城市，起过重要作用的城市，如广州、扬州、凉州、晋阳、长沙等。

第四类，即丝绸之路文化物贸交流过程中，起过很大作用的城市，典型如敦煌、固原、泉州、镇江等。

上述四类城市构成丝路东段密集的网络，不仅有许多历史记载，居住着很多胡商，而且出土大量的实物证明。

当时丝绸之路的具体路线则是，陆地丝路通过今新疆地区，穿过甘肃河西走廊和宁夏、陕北，渡过黄河，抵达河南、山西、河北、山东、内蒙等省市自治区。海上丝绸之路则通过太平洋、印度洋到达广州、扬州、泉州等城市。

翻阅《汉书·西域传》《后汉书·西域传》和《晋书·西域传》，分别记载了西域诸国到达中原目的地（东端）的距离，《汉书》记载诸国距中原的距离，是以长安为目的地；《后汉书》和《晋书》记载西域诸国距中原的距离，均以洛阳为目的地；时间进入北朝，翻阅《魏书·西域传》和《北史·西域传》，记述西域诸国，多是记载该国距代（平城）的距离，如洛那国（今中亚费尔干纳盆地，位于今乌兹别克斯坦、塔吉克斯坦和吉尔吉斯斯坦三国交界处），“去代一万四千四百五十里”；粟特国（今乌兹别克斯坦），“去代一万六千里”；波斯国（今伊朗）“去代二万四千二百二十八里”；大秦国（古罗马帝国），“去代三万九千四百里”。可见在古代史家心目中，长安、洛阳、平城等京城乃是北魏汉唐丝绸之路的东端。

在长安、洛阳、平城和邺城诸遗址，遗存着大量有关丝路的遗迹和遗物，典型如长安，作为西汉和唐代都城，保存和出土了大量与丝路有关的墓葬和器物，典型如北周安伽墓、史君墓、康业墓等，著名碑刻如《大秦景教流行碑》，出土兽首玛瑙杯等粟特器物。再如洛阳，也出土了与丝路直接关联的丝路遗物，如罗马金币、波斯萨珊王朝银币、玻璃器、景教经幢等。

平城也不例外，最显著者是云冈石窟，宿白先生早就指出：“云冈石窟是新疆以东最早出现的大型石窟寺群，又是当时统治北中国的北魏皇室集中全国技艺和人力、物力所兴造……云冈石窟影响范围之广和影响延续时间之长，都是任何其他石窟所不能比拟的……因此，云冈石窟就在东方早期石窟中占有极重要的地位，对它的研究在很大程度上成了研究东方早期石窟的关键。”[1]可以说，北魏平城开创了丝绸之路的新时代，不仅把中断多年的丝绸之路再度恢复，而且大量胡商突破边境关市的藩篱，直接奔赴各个城市，参与集市贸易，开办酒肆，演出歌舞，建立宗教场所，将丝路贸易和文化深入到民间和社会诸阶层。

东魏北齐时期，晋阳（今山西太原市）为北方军政中心之一、“齐氏别都”、大丞相府所在地，皇帝和官僚贵族往往一半时间在晋阳，一半时间在邺城。这种情况导致胡商纷纷追随而来，晋阳也自然成为丝路东端重要城市，留下许多粟特人活动的遗存。在晋阳城遗址及其周围，已发现有北齐东安王娄睿壁画墓、武安王徐显秀壁画墓、顺阳王厍狄回洛壁画墓、大将军贺拔昌墓、张肃俗等上百座北齐墓葬，其墓主都是来自鲜卑集团。近年斛律金父亲《斛律那瑰墓碑》的发现，证明太原地区，还活动着一些高车部落。史书记载，斛律金死后葬于晋阳，通过发现《斛律那瑰墓碑》，说明斛律金墓也在附近。

山西北朝墓葬中，还有北朝艺术家创造的作品反映了胡商入华后的贸易活动，如陪葬俑、墓葬壁画、墓志或其他石刻，形象具体，准确可信，等同于丝路遗存，是研究

① 《平城实力的集聚和“云冈模式”的形成与发展》，云冈石窟文物保管所《中国石窟·云冈石窟（一）》，北京：文物出版社，1991年，17—197页。（后收入《中国石窟寺研究》）

丝路贸易的重要资料。

如历史文献记载，胡商入华，购买的商品主要是丝绸，这在北朝唐五代墓葬中可找到许多物证。如北齐娄睿墓、张肃俗墓、徐显秀墓以及许多唐代墓葬，都出土各色各样的背驮丝绸的陶质骆驼模型，都证明入华胡商，购买的最大宗商品，就是丝绸纺织品。

胡商来回贩卖，入华时也带来很多商品，其中最大宗商品是西域良马。中国需要宝马，从汉代就已开此先河。如汉武帝派贰师将军李广利进军大宛，就是为了获得汗血宝马。劳民伤财，死伤惨重，最终夺取三千匹汗血马。

北朝直至唐代，都要通过丝绸之路获得西域良马。《魏书·西域传·洛那国》："洛那国，故大宛国也……去代万四千四百五十里。太和三年，遣使献汗血马，自此每使朝贡。"《魏书·西域传·吐呼罗国》："有好马、驼、骡，其王曾遣使朝贡。"如北魏时，河间王元琛为得到好马，不计成本，派人远赴西域求寻良驹，《洛阳伽蓝记》记载："琛在秦州，多无政绩。遣使向西域求名马，远至波斯国，得千里马，号曰'追风赤骥'。"风气所及，马匹成了中西贸易的奢侈商品和重要商品。北朝墓葬壁画中，就有反映胡人贩马的图像，如娄睿墓墓道壁画上层，就有胡人驱赶着载货骆驼和马群的画面，一队胡商带着载满货物的驼队来中原贸易，驼队之后，紧跟着一群裸马，无缰无鞍，身量高大，膘肥体健，神骏异常。可惜西壁壁画仅有胡商驼队，驼队后面的马群惨遭破坏。但是在东壁壁画中，这一部分没有被破坏，完整保留下来[①]。在忻州九原岗北朝墓墓道壁画中，也有胡人贩马的画面[②]。

在西安、洛阳，也发现过《胡商贩马图》，许多证据表明，良马在外来商品中占有最大比例。《新唐书·食货志》载："时回纥有助收西京功，代宗厚遇之，与中国婚姻，岁送马十万匹，酬以缣帛百余万匹。"可以证明"丝绸马匹"是丝绸之路的大宗商品。

总之，丝绸之路是贯通亚欧非大陆的动脉，是连结东西方各地区的纽带，也是商贸文化的交流之路和合作之路，通过丝绸之路，丰富了东西方的商品内容，促进了世界文明的进步。盛唐的强大繁荣和开放，与丝绸之路是分不开的。在我国倡导"一带一路"的今天，古代"平等互利、包容互鉴、合作共赢"的丝绸之路精神依然有着巨大的生命力，有很多可以借鉴的经验，值得继承发扬与总结研究。

① 山西省考古研究所、太原市文物考古研究所：《北齐东安王娄睿墓》，北京：文物出版社，2006 年，第 30 页，又见图八、图二五、图版二五。

② 山西省考古研究所、忻州市文物管理处：《山西忻州市九原岗北朝壁画墓》，《考古》2015 年第 7 期。

山西北朝文明漫谈

说到山西，大家熟悉的是郭兰英唱的《人说山西好风光》中那句歌词，“左手一指太行山，右手一指是吕梁”。实际上，山西地理形胜远比歌词描述的复杂，至少北部还有北岳恒山，南部有中条山。至于山西的历史，就更为复杂了，尤其是北朝这一段，既纷繁驳杂，又绚丽多彩，想了解隋唐的兴起，必须先了解北朝的历史文化。

山西位于中国的中北部，黄土高原的东部，北接内蒙古草原。从地缘政治的角度看，这种独特的地理环境，决定了它在魏晋南北朝时期成为全国最重要的地区之一。

山西地处游牧区至农业区的过渡地带，堪称诸民族汇聚密集地区之一。史书记载，东汉以来，匈奴分裂为南北两部，不断有大批南匈奴人降附汉朝，被安置于今山西境内。如东汉末南匈奴三万余落（户）来降，曹操分为五部，“皆家于晋阳、河涧之滨”；内附者除匈奴外，还有乌桓降民。据谭其骧先生研究，山西境内设七八个郡，都有匈奴杂居，北部诸郡，甚至“胡多于民”[①]。

魏晋南北朝三百余年（265—589），全国政治格局经历了一个由统一走向分裂，又由分裂走向统一的过程。开始和完成这个历史过程的主体力量，都是聚集于今山西的北方少数民族。如最初打破西晋统一局面者，是避居吕梁山区的匈奴酋帅刘渊。一百三十余年后，结束这场漫长痛苦分裂的，是定都平城（今山西大同）的北方少数民族——鲜卑拓跋部。398年，北魏道武帝拓跋珪迁都平城（今大同），至太武帝拓跋焘时，先后败后燕、攻大夏、克北燕、灭北凉、降后仇池，最终统一了黄河流域，结束了“五胡十六国”时期，停止了分裂带给北方的浩劫，历史正式进入“南北朝时期”。

北朝时期，山西有两个城市非常重要，一个是北朝前期的平城（今大同市），一个是后期的晋阳（今太原市）。平城是山西最北的城市，与游牧区相连，自古为军事重地。北魏定都平城以来，迁来许多降民，平城人口不断增加，据李凭《平城时代》统计，多达150万，成为黄河流域最大城市。并相继推出三长制、均田制等稳定社会、促进农业、发展经济的政策，使得北方得以休养生息，回归

① 谭其骧:《山西在国史上的地位》,《晋阳学刊》1981年第2期。

到发展轨道。另外通过认同汉族官制礼俗，推动了民族融合，为迁都洛阳和北魏孝文帝汉化铺平道路。

晋阳位于山西中部，从北魏后期起，晋阳地位日益重要。不仅是中原北大门，而且是控制北方的战略要地。“霸业所在，王命是基”，举一个例子即可说明它的重要性，如北魏后期的尔朱荣、高欢，都是依靠雄踞晋阳、掌控并州精骑而遥控朝廷、争夺天下的。

平城、晋阳的重要性在考古资料中有充分反映，如平城附近发现了大量鲜卑遗存，如方形和圆形毡帐模型、煮饭的铜釜和壁画狩猎图等。另在大同沙岭太武帝时期墓葬壁画内和其他墓葬壁画中，醒目地绘着毡帐星布、牛车马群、席地而坐、宰羊饮酒的宴饮场面。而在文成帝时期的墓葬壁画中，除保留驱狗放马、弯弓射箭、集体狩猎的游牧生活场景外，开始出现养殖耕牛，从事农业生产的画面。而到北魏孝文帝时期，墓葬出土物中，反应农业生产的器物、画面数量日益上升，以往的集体狩猎等场面逐渐减少。两种生产形式上下浮沉的情况，反映出两种生产方式的渗透融合及其农业生产逐渐为主的趋势。

在晋阳城遗址及其周围，同样能看到当时民族汇聚的遗存。如晋阳遗址附近发现的北齐东安王娄睿墓即是一例，娄睿出自鲜卑，本姓匹娄，改姓后简称娄。寿阳出土的顺阳王厍狄回洛墓、太原出土的北齐大将军贺拔昌墓，其墓主都是来自鲜卑集团。近年斛律金父亲《斛律那瑰墓碑》

的发现，证明太原地区，还活动着一些高车部落。即使太原出土的北齐武安王徐显秀墓，其壁画和出土陶俑，相貌服饰，均有差异，显然源于不同民族，反映出国家统一和民族融合的曲折与历史趋势。

山西北朝物质遗存有遗址、石窟、墓葬以及形形色色的出土器物等，涉及北朝的文化、政治、军事、经济、科技和艺术诸领域，从这些物质遗存的时代变化可以清楚看到北朝文明的发展主线以及特点。

就出土遗存来看，北朝前期的服饰、器用、毡帐、车具等衣、食、住、行遗存具有浓郁的游牧民族色彩，随着时间推移，器物中的草原文化色彩日渐淡化，一种吸收了草原文化的新的汉文化逐渐走向主导地位。

国学大师陈寅恪认为，“隋唐之制度虽极广博纷复，然究析其因素，不出三源：一曰（北）魏、（北）齐，二曰梁、陈，三曰（西）魏、周。所谓（北）魏、（北）齐之源者，凡江左承袭汉、魏、西晋之礼乐政刑典章文物，自东晋至南齐其间所发展变迁，而为北魏孝文帝及其子孙摹仿采用，传至北齐成一大结集者是也。”[1] 制度如此，文化也是如此。

另外需要特别指出，山西在北朝与丝绸之路密切相

① 陈寅恪：《隋唐制度渊源略论稿·叙论》，北京：中华书局，1963 年。

关，甚至是一大历史亮点。北朝山西与丝绸之路的关系，领先于全国其他地区，对全国乃至隋唐都有极大影响。

谈到丝绸之路，需要从平城说起，北魏定都平城近百年，平城成为该时期唯一的丝绸之路东端。《汉书 · 西域传》《后汉书 · 西域传》和《晋书 · 西域传》，分别记载了西域诸国到达中原目的地（东端）的距离，《汉书》记载诸国距中原的距离，是以长安为目的地；《后汉书》和《晋书》记载西域诸国距中原的距离，均以洛阳为目的地；进入北朝，《魏书 · 西域传》和《北史 · 西域传》记述西域诸国，都是记载距离代（平城）多少里，如波斯国（今伊朗）“去代（平城）二万四千二百二十八里”。可见在古代史家心目中，北魏王朝所在的平城才是北魏早期丝绸之路的东端。

平城遗址和晋阳城遗址及其周围，至今遗存着许多有关丝路的遗迹和遗物，最著名的当属云冈石窟，集丝绸之路诸多元素于一身。在平城遗址内，还出土许多外来器物，如鎏金高脚酒杯、仿波斯银盘、琉璃碗、银质耳杯、镶宝石金戒指、波斯银币，外来造型的四狮环立石灯、各种中亚伎乐俑和牵骆驼的俑、丝绸之路东传乐器等，充分显示出丝绸之路与平城的重要关系。这些器物，件件都与丝绸之路有直接关系，根据以往的考古发现和研究，我们认为，丝路文化被平城较广泛接受的时期当是北魏文成帝时期。可以说，平城开创了丝绸之路的新时代，从北魏太武帝起，不仅把中断多年的丝绸之路再度恢复，而且之后来往的深度、广度上都超越两汉，深入到民间和社会诸阶层，延续到唐五代之后。

东魏北齐时期，晋阳是北方军政中心，据碑刻墓志资料记载，北朝以降，晋阳定居着许多粟特人，见于墓志的粟特人就有翟娑摩诃、翟突娑父子、安吐根、翟楷、虞弘及其父亲等。

胡商是丝绸之路的主要过客，其踪迹可由墓葬壁画和出土胡商骆驼俑反映出来，如太原北齐东安王娄睿墓是一个壁画墓，在墓道壁画中，就有胡商驼队图，绘四人五驼组成的一个商队，满载货物。为首一人深目高鼻，似大食人形象，右手牵着驼缰。右后又有一驼，驮着装满货物的大囊袋。两驼间，一人高大修长，浓眉深眼，似为波斯人。手牵一头驮着货囊的骆驼。两驼右侧还有二人二驼，相随前进[①]。在晋阳北齐墓和隋墓中，常见一种陶质载货骆驼模型，如张肃俗墓、娄睿墓和徐显秀墓，最生动者是隋代斛律彻墓出土两件载货载人骆驼模型，一人坐在骆驼背上，手拿一块胡饼，边走边吃[②]，反映了胡商在丝路上的艰苦

① 山西省考古研究所、太原市文物管理委员会：《太原市北齐娄睿墓发掘简报》，《文物》1983 年第 10 期。
② 山西省考古研究所、太原市文物管理委员会：《太原隋斛律彻墓清理简报》，《文物》1992 年 第 10 期。

图一　太原隋代斛律彻墓出土载货载人骆驼模型

生活（图一）。

除粟特人外，并州还有许多柔然人、高车人与突厥人。柔然衰亡前后，许多柔然人与高车人迁徙到并州北部。在出土文物中，我们还能看到突厥人的形象，太原北齐贺拔昌墓出土的一件骑马陶质突厥人物俑最有特色，健壮的骏马背上，坐着一位游牧民族骑士，一手牵着缰绳，一手举向嘴边打着口哨[①]。类似突厥人形象，在西安北周史君墓、安伽墓、太原隋代虞弘墓出土石葬具雕刻图案中多次

① 太原市文物考古研究所：《太原北齐贺拔昌墓》，《文物》2003年第3期。

出现。

粟特人在山西的遗存很多，大致归纳为三个方面，一是带来了许多西方生产的器物，如金银铜器、石刻绘画、陶瓷器、玻璃器和珠宝。

二是引进玻璃器制造技术和葡萄种植技术，典型例子如《魏书·西域传·大月氏国传》记载的“世祖时，其国人商贩京师，自云能铸石为五色琉璃，于是采矿山中，于京师铸之。既成，光泽乃美于西方来者。乃诏为行殿，容百余人，光色映彻。观者见之，莫不惊骇，以为神明所作。至此中国琉璃遂贱，人不复珍之”。

葡萄种植技术也在这时期传入民间，北魏贾思勰所著《齐民要术》中就专门谈到了葡萄的种植法、摘取法与保存法。

三是传入丝路艺术，最著名的是乐舞，如在云冈石窟，诸窟雕刻着西方传来的琵琶、箜篌、筚篥等数十种乐器，此外在云冈石窟中还有许多造型独特的丝路舞蹈形象，北朝唐代流行的胡腾舞，也出现于太原隋代虞弘墓图像中，成为北朝文化的重要内容。

山西北朝文明的源头有两个，一个是传统的汉族文明，秦汉以来，汉族文明已经在这里扎根繁衍。特别是北魏太武帝攻占河西，将大批文化人迁徙到平城，使山西地区的汉文化教育和环境气氛优于其他地区。另一个是游牧文明，两种文明在这里汇聚碰撞，游牧文明与农耕文明融合，孕育了新的更加富有生机的北朝文明。

在北朝文明中，我们注意到，统一和多民族成为其中最重要的两个元素，统一已由汉族的观念升华为各族的共识与政治目标。这种新历史观，是隋唐统一的精神基础，追溯它的来源，与拓跋部定都平城、统一北方密切相关。可以说，没有北朝，便不会有一个多民族的开放统一的隋唐，也不会出现盛唐。

本文原载《华夏地理》2015 年 4 期

北齐带盖细颈铜瓶的变迁

1973年，山西省文物工作委员会在山西省寿阳县发掘了北齐厍狄回洛墓[①]，出土一批鎏金铜器，其中有一件鎏金带盖细颈铜瓶，形制特殊，铜质鎏金，非常醒目。更有意思的是，这种瓶在日本群马县观音山古坟也曾出土[②]，两件铜瓶的出现，形状相近，时代相近，引起中日学者的共同兴趣，也引起部分学者对中日海上丝绸之路的关注。本文即围绕这种铜瓶的演变作一探讨，以期加深对中日文化关系以及海上丝绸之路的认识。

瓶在中国古代并不陌生，早在新石器时代的仰韶文

① 王克林：《北齐厍狄回洛墓》，《考古学报》1979年第3期。

② (日)群马县立历史博物馆：《观音山古坟と东アジア世界》，平成11年(1999)，第59页。群马县立历史博物馆编：《藤ノ木古坟と东国の古坟文化》，平成2年(1990)，上毛新闻社出版局，第52、70页。

化、马家窑文化和大溪文化中，就有尖底瓶、平底瓶和筒形瓶等，但进入文明社会后，瓶逐渐销声匿迹，在出土的周秦汉魏器物中，极少有瓶，仅有与瓶体相似的蒜头壶。本文所述的带盖细颈铜瓶，是随着佛教东渐从古印度和西域传来的，在古印度成书于公元前的《摩尼法典》中，就多次提到水瓶①，说明水瓶是古印度的重要生活用具。佛教传入中国后，瓶也随之传入，在佛教文物中，瓶的种类不少，最常见的有舍利瓶、水瓶和宝瓶，质料分金、银、铜、玉、琉璃、陶、石等。佛教中应用最广泛的是水瓶，水瓶在佛教中的用途大致分为两类：一类是佛与菩萨使用的水瓶，一类是举行佛教仪式时使用的水瓶。

由于资料所限，目前所见较早的水瓶形象多在中亚的巴基斯坦、阿富汗和印度等地。在贵霜王国统治的萨尔纳特鹿野苑和阿西卡特拉地区分别出土过一件公元 2 世纪的石雕佛立像和一件公元 3 世纪的弥勒菩萨立像，在这两座雕像左手中，都执有一个带盖水瓶②。从图上看，两个瓶

① （法）迭朗善、马香雪译《摩奴法典》第三卷第 202 条：“满怀信仰之心献给祖灵的清水盛在银瓶或镀银瓶里，它是永恒不渝的幸福的源泉。”又见第六卷第 41 条：“可持净具，如手杖、水瓶等，离家，守沉默、不为物诱，过苦行生活。”北京：商务印书馆，1985 年。

② 国家文物局教育处：《佛教石窟考古概要》，北京：文物出版社，1993 年，第 206 页。

均是短颈、扁圆腹。在印度，也出土过公元 2 世纪手执水瓶的弥勒菩萨立像[①]，颈短身长，上饰菱形纹，因手执瓶口，无法看清瓶口是否有盖。另在萨赫利—巴洛儿和纳图上寺也分别出土过公元 3 世纪的弥勒菩萨造像，在其左手均握一个水瓶。这也是该时期弥勒菩萨的标记。

中国在魏晋以后，水瓶逐渐多起来，有短颈扁圆形腹瓶，也有长颈卵形腹瓶。有陶瓷瓶，也有铜瓶、金瓶。《乐府诗集·舞曲歌辞三·淮南王篇》："后园凿井银作床，金瓶素绠汲寒浆。"如云冈石窟第六窟是北魏迁都洛阳前开凿的石窟，窟内有一菩萨，手执一个细颈圆腹瓶。北魏墓中出土的长颈陶瓶，器身比中亚的长，细长束颈，卵形腹，假圈足，无盖，口径 5.6 厘米、高 17.6 厘米（图一、1）[②]。另在河北省景县北魏正光二年（521）封魔奴墓中出土两件铜瓶，其一口径较大，颈较粗，平肩，腹扁圆，通高 18.5 厘米；其二为细颈、卵形腹、平底、圈足，通高 15.7 厘米，在颈、肩交接处，也有一圈凸起的弦纹。遗憾的是，这件铜瓶无盖，不知是原本无盖，还是以后遗

① （日）奈良国立博物馆：《シルヶロ丨ド·佛教美术坛来の道》，1988 年，第 73 页。（英）约翰·马歇儿著，王冀青译：《犍陀罗佛教艺术》，兰州：甘肃教育出版社，第 105—106 页，图版 139、140、142。

② 洛阳市文物工作队：《洛阳孟津晋墓、北魏墓发掘简报》，《文物》1991 年第 8 期。

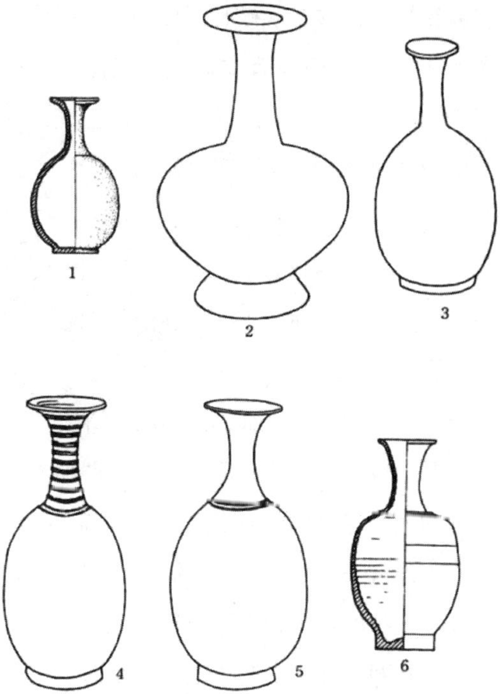

图一　北魏、东魏墓葬出土的水瓶

失（图一、2—3）[①]。在河北省曲阳县北魏正光五年（524）高氏墓中，也出土两件铜瓶，一件高 14.5 厘米，颈部细长，饰以弦纹，瓶体作椭圆形，圈足（图一、4）。另一件

① 张季：《河北景县封氏墓地调查记》，《考古通讯》1957 年第 3 期。

颈部较短，圆腹，残破且无图片[①]。在传世已久的东魏兴和元年（539）铜观音立像上，观音菩萨左手下垂，握一带盖水瓶[②]。该瓶盖为半圆体，甚粗笨，颈也较粗，与所见中亚水瓶相比，器身和颈部都已变长。在河北省赞皇东魏武定二年（544）李希宗墓中也出土一件铜瓶，敞口，细颈，颈肩处有凸起弦纹，鼓腹，圈足，高 13 厘米（图一、5）[③]。另在河北磁县东陈村东魏墓出土一件细颈瓷瓶，敞口，口沿上卷，高颈，卵形腹，肩部有凸弦纹一道，瓶身有弦纹两道，实足，高 20.2 厘米（图一、6）[④]。

通过以上水瓶可以看出，尽管器物不多，难以排出较清楚的发展序列，但还是能粗略地显示出一些演变轨迹。在中亚地区公元 2—3 世纪的水瓶，瓶颈粗短，腹部较圆。北魏、东魏的水瓶，不论质地工艺，仅从器型看，可粗分为 A 、B 两种类型。简单说，A 型与中亚的相同，颈短肩宽身粗；B 型是细长颈，卵形腹，瓶体显得修长秀丽。尤

① 河北省博物馆、文物管理处：《河北曲阳发现北魏墓》，《考古》1972 年第 5 期。

② 金申:《中国历代纪年佛像图典》, 北京: 文物出版社, 1994 年, 图版 159。

③ 石家庄地区革委会文化局文物发掘组：《河北赞皇东魏李希宗墓》，《考古》1977 年第 6 期。

④ 磁县文化馆：《河北磁县东陈村东魏墓》，《考古》1977 年第 6 期。

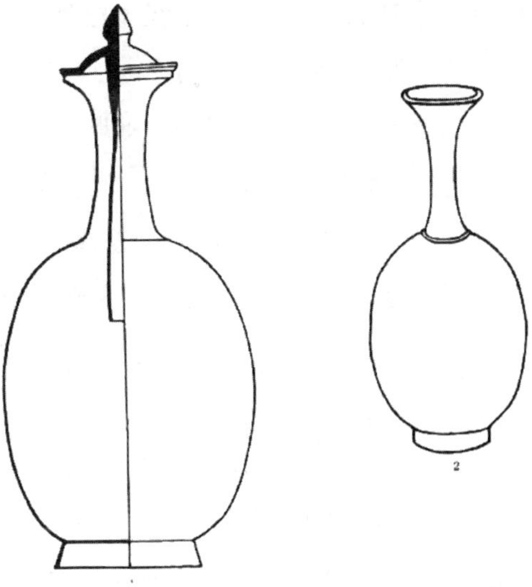

图二　北齐墓出土的水瓶

其是所见北魏、东魏瓶多出于纪年墓中，为铜瓶排列断代提供了准确可信的依据。

北齐时，两种型别的瓶并存，如安阳范粹墓出土的青瓷瓶为 A 型[①]，库狄回洛墓和崔昂墓为 B 型，且均有纪年依据，限于篇幅，这里着重考察 B 型瓶的情况。

寿阳库狄回洛墓出土的鎏金铜瓶为带盖、敞口、细颈、卵形腹、平底、圈足，盖径 3.85 厘米，瓶口径 3.66

① 河南省博物馆：《河南安阳北齐范粹墓发掘简报》，《文物》1972 年第 1 期。

厘米，腹径 8.1 厘米，圈足径 4.72 厘米，圈足高 0.82 厘米，口沿厚 0.12 厘米，圈足厚 0.34 厘米，从盖至底通高 18.2 厘米（图二、1）。盖顶为锥形钮，盖下连接二铁片，残长约 5.3 厘米，宽约 1 厘米，铁片插入瓶中，分析其作用，撑开可卡住瓶颈，免使瓶盖掉下。另在颈、肩交接处，有凸起的弦纹。据墓志看，库狄回洛死于北齐大宁二年（562）二月，葬于同年十二月，证明铜瓶使用的年代下限不会晚于此年。

在河北省平山县北齐崔昂墓中，也出土一件细颈铜瓶，形状与库狄回洛墓的相似，也是敞口、细长颈、卵形腹、平底、圈足，颈肩结合处为一圈凸起的弦纹，瓶高 14.5 厘米、口径 3 厘米（图二、2）[①]。该铜瓶无盖，但报告记载：另有一件单独的器盖，形似"将军盔"，钮细长，顶桃形，下有子母口。依此描述，似与库狄回洛墓的铜瓶盖相仿，因未见图片和尺寸，现在还难以确定。据墓志看，崔昂死于北齐天统元年（565），葬于天统二年（566），比库狄回洛晚葬 4 年。

以上两瓶同为 B 型瓶，属于同一时代。从源流上看，北齐铜瓶继承了北魏、东魏的风格，如库狄回洛墓的带盖铜瓶有几个特征比较明显，一是瓶体修长；二是颈部细长、

① 河北省博物馆、文物管理处：《河北平山北齐崔昂墓调查报告》，《文物》1973 年第 11 期。

瓶腹为卵形腹；三是在颈下靠肩处有凸起的细弦纹；四是盖为尖锥钮，盖里连接两条长铁片。前三个特征是北魏、东魏水瓶共有的，是对前代风格的继承。但是盖的特征是前代遗物中不见的，是在前代基础上的发展，是器形上的创新。在北齐、北周、南陈的金石菩萨造像上也常见带盖水瓶，从外形看，也多有瓶体修长的特征，而其他方面的特征则不易看出[①]。还需要指出的是，从崔昂墓出土的铜瓶看，肩部已有削瘦的倾向，颈、足部已发生变化。

到了隋唐，带盖长颈水瓶又有了变化，在陕西省耀县神德寺塔地宫中，曾出土隋代仁寿四年（604）的一件铜瓶[②]。在陕西省临潼庆山寺塔宫出土唐开元二十九年（741）的器物中，有一个带盖细颈镀银铜瓶，高 18.5 厘米，口径 3 厘米，虽然纹饰如前，但颈部更细，肩部明显削瘦，足部加高外撇，与北齐铜瓶相比已见显著变化（图三、1）[③]。这种带盖细长颈水瓶在唐代绘刻画中也可以见到，如唐贞观四年（630）李寿墓出土的石椁线刻画中，有一侍女右手握瓶颈，左手托瓶底，手中之瓶，即是一个带盖

① 金申：《中国历代纪年佛像图典》，北京：文物出版社，1994 年版，图版 205、216、221。

② 中国社会科学院考古研究所编:《新中国的考古发现和研究》，北京：文物出版社，1984 年版，第 614 页。

③（日）奈良国立博物馆：《シルクロードィム教美术イ云来の道》，1988 年，第 100 页。

图三　唐代墓葬、石椁图像和敦煌壁画中所见水瓶

细颈瓶，该瓶除有庆山寺镀银铜瓶诸特征外，瓶身满饰花纹（图三、2）。在敦煌130窟壁画乐廷环及夫人太原王氏行香图中，男、女侍从各捧一盘，盘内各有一带盖细颈满身纹饰的水瓶（图三、3—4）①。在唐代墓葬出土的陶俑中，有的女侍俑也是手执带盖细颈水瓶②。另在隋唐铜、石造像、石窟造像及壁画中，也有带盖细颈水瓶，而且数量、形式都大大超过前代。无盖细长颈卵形腹水瓶在隋唐也有不少，如河南安阳市梅元庄隋墓中出土一件瓷瓶，据

① 沈从文：《中国古代服饰研究》，上海：上海书店出版社，1997年，第269页。
② 山西省考古研究所:《太原市南郊唐代壁画墓清理简报》,《文物》1988年第12期。

报告称，为“口外侈，呈喇叭状，颈细长，圆腹，圈足。上腹部至口沿施淡青色釉，微泛黄。高 16 厘米、口径 3.6 厘米、腹径 8 厘米”。据图观察，该瓶形状与北齐诸瓶相当接近[①]。在太原南郊金胜村第五号唐墓也曾出土一件这样的陶瓶[②]，在长治北石槽唐墓也出土有类似陶瓶[③]，在布鲁克莱特博物馆和戴·托恩美术学院也分别藏有唐代海狸鼠纹银瓶与奔狮纹银瓶[④]，均从各个不同方面体现出明显的时代特征。

概括隋唐带盖细颈水瓶的特征，有这么几点：1. 在北齐瓶体修长的基础上颈部更加细长，瓶肩比北齐的更为削瘦。2. 瓶足略高，向外撇的角度更大。3. 在北齐素面或有简单弦纹的基础上演变出复杂的花纹。4. 有的盖钮变得更高更尖。

公元 6 世纪，随着佛教东传，带盖细颈卵形腹铜水瓶也出现于日本，群马县观音山古坟出土的铜瓶便是实证，

① 安阳市文物工作队：《河南安阳市两座隋墓发掘报告》，《考古》1992 年第 1 期。
② 山西省文物管理委员会：《太原南郊金胜村唐墓》，《考古》1959 年第 9 期。
③ 山西省文物管理委员会晋东南文物工作站：《山西长治北石槽唐墓》，《考古》1965 年第 9 期。
④ 齐东方：《唐代金银器研究》，北京：中国社会科学出版社，1999 年，第 105 页。

图四　观音山古坟出土的铜瓶

也为细长颈、卵形腹、平底、圈足，有盖，盖顶为锥形钮，盖里连接着两铁片，铁片插入瓶腹处。在瓶的颈肩交接处，有一凸起的弦纹（图四）[①]。与库狄回洛墓出土铜瓶相比，两者不同之处在于，库狄回洛墓的铜瓶盖钮稍低、颈稍粗、

①（日）群马县立历史博物馆编：《藤ノ木古坟と东国の古坟文化》，上毛新闻社出版局，平成2年（1990），第52、70页。

图五　库狄回洛墓出土铜瓶

肩较圆（图五），观音山古坟的铜瓶肩部略显削瘦，盖钮略显细高、颈也较细，足部变化不显，从器形发展序列看，似乎介于北齐末至唐之前；二是观音山的铜瓶通高 31.3 厘米，远比库狄回洛墓乃至封氏墓地、崔昂墓的铜瓶高大。据资料，观音山古坟的年代为 6 世纪末期，比北朝诸瓶略晚，因此尽管它形体比北齐诸铜瓶高大，但两者不论在器形、纹饰或年代上，差别不大，都表现出文化内涵的一致性以及该瓶与北齐诸瓶较深的渊源关系。随后，这种瓶在日本又得到流传，如在法隆寺宝藏殿唐代观音菩萨立像手上，也有细颈卵形腹铜瓶[①]。法隆寺收藏的法250—法253号王子形铜水瓶也带有隋唐特征[②]，或是盖钮加高，或是削肩，或是高足并且外撇，表明在两国文化交流中，它们不同程度地受到隋唐水瓶的影响。任何文化在传播扩散中都有变异，都不免融汇当地的文化因素，水瓶在日本的流传过程也不例外。择其大端，如北齐诸墓出土铜瓶器身不高，而日本的器身却比较高大；另外，隋唐有的瓶上有复杂的花纹，而日本的却保持了北齐的特色，仅在颈肩交结处饰以简单的弦纹。不能不说此与日本的传统文化有关。

在简单考察北齐铜瓶的来龙去脉后，还需附带说明水瓶在佛教中的功用和常出现于墓葬中的原因。顾名思义，水瓶是盛净水的瓶子，在佛教中，又成为佛教的法器。由于具体用途不同，形状不同，又有其他别称。它在佛教中用途很广，在佛教造像、石窟、壁画中，常可在

①（日）东京国立博物馆编:《法隆寺宝物馆》,平成11年(1999),第37、45、48页；赖传鉴：《佛像艺术》，香港：艺术家出版社，1994年，第111页，图92。

②（日）东京国立博物馆：《法隆寺献纳宝物特别调查概报Ⅷ—水瓶》，图版7-10，平成5年（1993）；《法隆寺宝物馆》，第161-162页。

诸菩萨手中或讲经布法会上看到各式各样的水瓶。在《法华经》《无量寿经》和《造塔功德经》中都反复讲到水瓶（或澡罐）是菩萨法器之一。铜瓶作为水瓶的一种，也被广泛应用，这在佛经中也不乏记载，如《陀罗尼集经》卷十二讲布置庄严道场，需要众多法器，其中就有“金银瓶四十六枚（受一升者），铜澡罐二十六枚（受五升已上）”。铜瓶出现于北齐墓中，应是受当时佛教影响葬俗的表现，北齐佛教昌盛，信佛之人比比皆是，厍狄回洛等人极可能也是佛教信徒。据厍狄回洛墓志记载，厍狄回洛死后，一度“窆于晋阳大法寺”[①]，证明他及其家眷确实与佛教有着密切关系。将佛教法器随葬于墓中，显然是意图为死者追求冥福。至于在日本群马县观音山古坟也出土该类型铜瓶，考虑到佛教业已在日本广泛传播的社会文化背景，因此可以推测该铜瓶是随着佛教通过海上丝绸之路东传日本的结果。

本文原载日本群马县《观音山古坟与东亚文明》展览图录，1999年

① 王克林：《北齐厍狄回洛墓》，《考古学报》1979年第3期。

2018 年乌兹别克斯坦和塔吉克斯坦考察日记（4 月 29 日—5 月 11 日）

4 月 29 日，晴。

早九点半乘山东航空飞机从太原起飞，13:15 抵达乌鲁木齐机场，敦煌石窟研究院宋焰朋已经在机场宾馆预订房间，我取上行李后，询问机场人员，告知宾馆就在出机场左转 300 余米处，十分钟左右就走过去，进宾馆也要安检，我还是第一次遇到，颇感奇怪。3 点多，葛承雍兄来电话，说已下飞机。刚放电话，敦煌研究院杨秀清和王志鹏二位来访，他俩比葛早一小时到。杨是我们这次考察团的团长，负责敦煌基金会；志鹏自我介绍，是山西忻州人，在敦煌石窟兰州分院民族宗教所工作。聊天中，承雍也进来了。七点半，我们四人在宾馆吃了拉条子，简单实惠。九点，宾馆车送我们到 T3 航站楼，一会儿焰朋、敦煌考古所王建军、付华林也到了，浙江大学人文历史学院刘进宝最后一个到。至此，我们考察团八人到齐。杨团长召集大家开了个小会，传达王旭东院长问候，又说了几点注意事项，老葛又补充了一些专业问题。

旅行社送来签好的护照，我们办理登机手续，进入安检门，新疆安检程序多，从机场门到里面，共三道安检，每道都很认真，再次领教，新疆安检真是名不虚传。领登机卡时，看到了毛铭，带两个人办登机手续。

我们登上南方航空飞塔什干的飞机。承雍、我、焰朋坐在安全门过道，比较宽敞。11∶45，正点起飞，向西飞入茫茫暗夜。飞行半小时左右，开始送餐，承雍提议，每人半杯葡萄酒，预祝这次丝绸之路考察顺利。

到达塔什干，已是次日 2∶12，当地时间是 23∶13，时差三个小时左右。旅游公司胡总带两位女翻译在机场出口等候我们，塔什干虽然很少看到高楼大厦，却也灯火璀璨，沉静动人。我们到达 Aise 宾馆已是当地时间 0∶40。宾馆不大，却很干净。我们一天都在旅途中，实在太累了，迅速冲澡休息。临睡前，顺便查了塔什干距布哈拉的距离，远达 522 公里，心里本想建议明天去看布哈拉，它是乌兹别克斯坦第三大城市，也是唐代昭武九姓中安国和毕国所在地，但一看距离这么远，心知难以成行，不得不取消心中计划。

4 月 30 日，晴。

八点吃早饭，办退房手续，焰朋特地说明，退房手续必须留好，离境时要检查，不能缺少。九点从宾馆出发，先看帖木儿广场。路上听胡导讲，塔什干有 130 多个民族，和睦共处。汉代，曾从这里换取大宛马。来到广场，人不多，大家先合影，然后在广场周围看看街头画家摆摊售卖油画。当地天气炎热，换了半袖。又去中心广场，恰土耳其总统来访，四周布防不少警察，但还是把我们放进去了，看了二战纪念雕像《母亲》，大家鞠了躬，合影。又参观一九六六年地震纪念碑。

12 点到一家餐厅用午餐，胡总说，当地吃饭有讲究：餐前先洗手，但不能甩掉手上水珠，不能用左手递送食物。入乡随俗，大家听得非常认真。餐厅很干净，已有不少人在用餐。等餐期间，请胡总谈谈中亚的骆驼，胡总说：在中亚五国，双峰骆驼和单峰骆驼都有，单峰的多。从新疆来的人用双峰骆驼，从阿拉伯来的人，用单峰骆驼，汇聚于乌兹别克斯坦等地。午餐是手抓饭，但分几道，第一道是柠檬茶，第二道是生的绿菜和番茄，还有馕，第三道是洋葱和番茄块，第四是不加糖的柠檬汁，第五道是烤羊肉串，第六道是手抓饭，主要是大米、羊肉、西红柿和胡萝卜丝。因为我们不习惯用手抓饭吃，每人都配一大汤匙。天气热，大家吃得满头大汗。

吃完饭，已经两点，赶到塔什干，听 Emilia Fedorovna 考古历史女教授讲重要发现，据介绍，塔什干发现的佛教遗址，时代是一世纪；塔什干和撒马尔罕共发现五座袄教寺庙，10 平方米左右，内有火坛，永久之火，墙是土坯砌筑的。二十世纪八十年代，还发现许多纳骨器，都是从塔中发现的，时代约公元一世纪至四世纪。塔什干出土的纳骨器是圆形居多，撒马尔罕和布哈拉出土的是方形居多，塔什干最早的纳骨器发现于1886年。袄教没有火葬，他们认为火是神圣的，不用来火化尸体。同理，也不允许水葬，只能天葬。还发现有石砌的天台遗址，似正方体。塔什干盛产绿松石，阿拉伯读“石”是塔什，后来就将这里称为塔什干。古代产马，汉代曾以金换马。波斯时期，拜火教只有水火神或琐罗亚斯德马兹达，中亚时期的拜火教演变成多神论，中国的拜火教是多神还是如何？不清楚。

又去参观一个清真寺和圆顶市场，市场很大，商品主要是日用品，人很多，熙熙攘攘，摊主个个非常热情。据胡总讲，此地原来就是丝绸之路交易地。市场出来，赶到住处，这是一个印度人开的五星级酒店。出来吃饭，路上听胡总介绍，乌兹别克斯坦外汇管制非常严格，异地不能随意互动，工资平均150美元，外国公司利润如要汇出，则需经过非常严格的审批。塔吉克斯坦稍好，比较看，还是中国管理更好。

晚饭在一个土耳其饭店，先上土耳其红茶和柠檬茶，两盘馕，然后上炸土豆条、凉菜、肉丝、银豆粥（一种味道有点怪的豆面稠糊糊）、萨拉、披萨饼等。晚餐后返回，路上堵车，回到宾馆已经近十点，有些疲乏，冲个澡赶快睡觉。

5 月 1 日，小雨，轻微西北风。

六点半醒来，首先听到窗外淅淅沥沥的雨声。打开手机一看，昨天 28℃，今天降温到 18℃，于是起身先准备好雨具。

早餐后出发到塔什干科学艺术研究院，参观所藏出土文物，非常丰富，有的在图录和文章中见过，大多数没有见过，大家可以随意拍照。随后院长在会议室和大家见面。他是一个考古学家，身材削瘦，很健谈，介绍了许多佛教考古的成果。

从所里出来，我们又参观了乌兹别克斯坦国家历史博物馆，也有许多粟特人遗存。吃午饭已经两点，主食是马肉面、樱桃汁。

下午参观艺术博物馆，藏品主要有佛教塑像和油画。出来大家换了一些当地货币，一百美元兑换八十一万，令人惊奇。

晚九点，吃晚饭，两次来中亚考察，我都想寻找胡腾舞和胡旋舞，记得 2015 年在吉尔吉斯斯坦开会，我就一直在寻找民间的胡旋舞和胡腾舞，那次会议期间某一天晚饭，东方兄悄悄对我说，听导游说，外面舞厅可能有胡腾舞和胡旋舞，饭后，导游带我们去了舞厅，看了一晚上，没有一个传统舞蹈。这次听胡总说，该饭店有民间舞蹈，专给来吃饭的客人表演，希望我们的愿望能够实现。一进饭店，就发觉又错了，有女子跳舞，但肯定不是胡旋舞。

看来，寻找胡旋舞和胡腾舞，并非易事，甚至还需要再来，争取梦想成真。

5 月 2 日，天气晴朗。

早九点半，我们前往撒马尔罕，约 300 公里，乘坐中巴，据胡总介绍，大约五小时路程。路过锡尔河大桥，停车照了几张照片。有警察上来阻止，禁止拍照。沿途都是平原，种植许多小麦，春天景色，与黄河流域平原很相似。可能草莓成熟，公路两边卖草莓的很多。本地风俗，一个男人可以娶四个妻子，一个是法律规定的，其余三个要经过清真寺阿訇的确认。男子地位高于女子。问到康国古俗，如幼儿出生后涂蜜粘钱之习俗，胡总回答早已消失。

公路的路况很糟，号称高速，其实坑坑洼洼，车一快，人就在座位上弹来弹去。限速七八十公里。快到撒马尔罕时，地势逐渐增高，进入天山余脉，景色很美，空气质量很高，牧草延伸到天边，牛群羊群一群接着一群，花色不一，无法计数。

四点多抵达撒马尔罕，这是一个安静美丽的城市，先参观乌鲁别克雕像，他是帖木儿的孙子、伊斯兰著名数学家和天文学家，城内高地上有清真寺，内有天象台和他的陵墓，参观的人络绎不绝，多是当地人，穿着漂亮的本民族服装。后到宾馆住下，六点到神学院和帖木儿第二个也是最宠爱的妻子比比哈姆的清真寺，参观了亚洲最大的经学院。建筑很宏大，墙壁贴满琉璃，在夕阳下光芒四射，

图一　撒马尔罕考古博物馆藏出土大使厅北壁壁画

民族风格非常明显，我们大开眼界。

晚饭是烤鱼和烤熟菜、萨拉等，返回宾馆，已经晚上九点半以后。

5 月 3 日，天清气爽。

早八点四十五出发，赶到撒马尔罕历史博物馆，实际上是一个考古博物馆，展品几乎皆是近百年乌兹别克斯坦的出土器物，特别重要的是，著名的大使厅壁画全部保存在这里（图一）。壁画保护得很好，非常清晰，没发现任何壁画病害。这些壁画我很熟悉，从 1999 年发现虞弘墓开始，我就开始翻阅和购买这些书籍。不过以前看到的都是片段照片，有收获却不成系统，有管中窥豹之感。现场观看实物，感觉更好，可以看到他们的全貌和诸图系统的排列分布情况，能够仔细地观察着每幅壁画的颜色、技法、内涵和风格。壁画陈列很有特色，每幅壁画前，几乎都有一幅线图，对比着看，看得更清楚。看完文物，又和馆长座谈一会，馆长很热情，欢迎中国考古队来撒马尔罕发掘。无意中发现，该馆编的藏品图录很好，内容丰富多彩，大使厅壁画特别清晰，印刷也很精美，我和老葛各买一本，每本 50 美元。

下午两点半，大家集合又去乌兹别克斯坦文化艺术博物馆去参观。也不错，二楼有许多古代粟特人遗物，包括纳骨器和突厥人石像。参观完毕，胡总带大家去了解这里的现代生活，到该城市的一个集贸市场，我随众人买了一瓶葡萄酒，一公斤葡萄干和一公斤核桃仁。然后又乘车去参观了帖木儿的陵墓，金碧辉煌，令人震惊。

晚餐在撒马尔罕酒店吃的，杨团长专门买了两瓶葡萄酒，奖励大家。宾馆没网，晚上看电视，未发现有关胡腾舞与胡旋舞的节目。明天要八点出发，十一点上床睡觉。

5 月 4 日，晴。

今早八点多一点就出发，直奔铁尔梅兹，离开撒马尔罕州，进入半干旱草原地区，草原不旺盛，但是越来越大，还有农作物——小麦。进入苏尔汉河州时，遇到检查，把护照复印一份，得以继续前行。翻译丽雅买了一包奶疙瘩，品尝一个，很咸。这条路上饭店很少，从十一点到一点半，沿途没有遇到一个饭店。两点多，终于碰到一个小饭店，吃了 2 公斤鸡肉，1 公斤牛肉和 1 公斤羊肉，还有一盘番茄一盘小黄瓜。四点到铁尔梅兹，这是乌兹别克斯坦东南部的一个城市，也是苏尔汉河州首府。位于阿姆河右岸，苏尔汉河入口处，邻近阿富汗边境，是乌兹别克斯坦的边境城市，与阿富汗、塔吉克斯坦和土库曼斯坦诸国接壤，紧邻阿姆河，河南岸就是阿富汗。接上当地一个讲解员，到了考古现场。进遗址工地前，再次有军队检查护照，并派一辆军用卡车给我们带路，送到铁尔梅兹古城遗址附近。

乌兹别克斯坦人都有语言天赋，每人都会几种语言。

考古遗址是 Kara-Tepe 和 Fayoz-tepe 遗址（图二）相距很近，基本上是连在一起。Kara-Tepe 比 Fayoz-tepe 面积和规模更大，它依山而建，俯视着阿姆河。Kara-Tepe 在乌兹别克语中是黑山丘的意思，遗址被发现于本世纪的 20 年代，30 年代和 60 年代分别进行了庞大的挖掘考古，

图二　铁尔梅兹遗址

Kara-Tepe 共有三个山头，面积很大，被发掘的是南边的山头，而且仅仅是山头的外侧山坡，发现一些洞窟，可能是一所寺院，遗址中有塔院，洞窟佛堂，僧房。该遗址建于公元二世纪，北面是一座方形塔基，南面是一个长方形建筑群，中部是一个大厅，现场留存许多石柱础，大厅四周是许多土坯房，面积在八九平方米至十几平方米，和云冈石窟山顶佛教寺院遗址的墙体接近，个别墙面上还保存有红色颜料。

第二处遗址是 Fayoz-tepe 遗址，筑于一世纪，分 A、B、C 三区，塔在东面，A 区是生活区，B 区是礼拜场所，柱础排列整齐，南北 10 个柱础。塔保护很好，保留有夯土塔心，又在外面采用原来塔的形状砌了一个保护罩（图三）。塔南距阿姆河两千米左右。

图三　铁尔梅兹佛教寺院遗址

Kara-tepe 由于更加靠近乌兹别克斯坦和阿富汗的边境，属于军事禁区，离废墟不过 10 米的地方便是国境线，Kara-Tepe 就在铁丝网的北边，对面就是阿富汗的马扎里沙里夫。

1979 年 12 月 28 号的清晨，部署在乌兹别克斯坦的苏联大军就是从这里渡过阿姆河，入侵阿富汗，经过马扎里沙里夫，直奔喀布尔。

5 月 5 日，晴。

早九点，离开宾馆到达博物馆，馆长先生很热情，在大厅等我们，一楼二楼都是展品。有些九至十二世纪的当地造铜镜，贵霜的东西最多。馆长很好客，又邀请大家到他办公室喝茶座谈，互相赠书，一直聊到 12 点多，才互相告别。我曾问到该馆所藏两面铜镜，九至十二世纪的，圆形镜，本地生产的，馆长说这是古代模仿中国的铜镜。

中午在乌兹别克斯坦吃了最后一顿午餐，一人一盘手抓饭，一扎啤酒，饭后出发，沿途公路两侧都是粗大的桑树。下午到达边界，在胡总帮助下，先将乌兹别克斯坦的索姆换成塔吉克斯坦的索姆尼，差不多是十比一。然后离开乌兹别克斯坦，进入塔吉克斯坦共和国。通关手续很麻烦，路也很长，完全步行，好在一切顺利，耗时一个小时。六点钟，正式进入塔吉克斯坦。塔吉克斯坦人的面相与俄罗斯人接近，深目高鼻，服装也很精干。胡总介绍，乌兹别克斯坦人是粟特人后裔，脸面较平。塔吉克斯坦人是波斯人后代，典型的深目高鼻。出了边防站，胡总安排的两辆车在等候我们，两辆公务舱旅行车，小的拉行李，大的拉人，一小时左右到达杜尚别，即塔吉克斯坦的首都。

据介绍，该国800余万人，共86个民族，中文水平比乌兹别克斯坦高。

晚上在一家中式餐厅吃饭，有新疆酒、中国菜、面条，大家都称赞。住宿也很好，是当地检察长响应“一带一路”而开办的，不得不承认，此人很有商业头脑。

5月6日，晴。

早九点到塔吉克斯坦考古博物馆，看了片治肯特的壁画和阿吉纳特佩城等地的出土器物。临离开，我买了一本图录，花费300索姆尼。

中午是手抓饭，听说服务员没有工资，从饭菜费用中扣百分之十。

下午去参观塔吉克斯坦历史博物馆，四点出来，去植物园呆五十分钟，看到两对婚礼，此地婚俗，结婚仪式之一就是到公园拍照。五点赶到一个会场，爱尼剧院，胡总早已联系好，这是参加纪念二战5月9日独立日活动。爱尼剧院人很多，服装很整齐，有个小女孩穿着特制的二战女兵服。节目精彩，有歌舞，也有演唱，观众掌声不断。一个半小时的节目，数次带领观众进入高潮，深深感到该民族的战斗精神。出了剧院，外边街头也搭一个大棚，大街上也是歌舞表演。观众自发上街跳舞庆祝，男女都有，舞蹈很有感染力。遇到几位二战老兵，胸前挂满勋章，非常自豪。有人提议合影，老兵满口答应。听胡总说，这是塔吉克斯坦最隆重的节日，多数人都要外出欢庆，载歌载舞。他还讲，中亚女子跳舞各国自有特点，如乌兹别克斯坦的女子舞蹈特点是左右动脖子，塔吉克斯坦的女子舞蹈特点是举上臂，扭动手腕。哈萨克斯坦女子是抖肩膀，表示挤牛奶。

晚饭在一个土耳其饭店，饭很好，然而更增添欢乐的是，见到胡总的妻子，一个娇小漂亮的塔吉克斯坦美女。

5 月 7 日，晴。

今早九点出发，去阿吉那特佩看古城遗址，阿吉那是鬼的意思。11 点，参观哈特隆州博物馆，票价每人 17 元，但是展品很少，有些仿制品和图片。12 点，去看阿吉那特佩古城遗址。古城遗址是六十年代至七十年代发掘的，做过保护，但是现在数十年过去，需要继续保护。吃过午饭已经两点多，开始返回，回到杜尚别，先逛了工艺品商店和超市，随后就到一家华人饭店，吃新疆大盘鸡，八点多，回到宾馆。

5 月 8 日，晴

今早九点半，出发到片治肯特，共 260 公里。公路平坦，与昨日所走公路有云泥之别，据说是中国“两优”贷款修建的。路两旁山沟里有河，水流很大，河边新建许多私人小别墅，鳞次栉比，被称为“罂粟宫”，好像与毒品走私有关。胡总说，途中要经过穆格山，这里在二十世纪六十年代，出土过著名的穆格山文书，共81件，均写于八世纪。其中汉文文书8件，系唐中宗神龙二年（706）的残牒、乡籍；另有阿拉伯文、突厥如尼文文书各1件，其余皆为阿拉米字母拼写的粟特语文书，有趣的是，这批文书都写在唐代内地出产的薄纸以及皮革、木片上。穆格山上即文书出土地——穆格山城堡遗址，山下是湍急的泽拉夫善河，是位于两河之间的又一条大河。

三点四十五，我们进入片治肯特市，先参观片治肯特历史博物馆。有中国铜镜和仿中国铜币，所谓仿中国铜币，是受中国货币影响，从形制上学习唐朝，铸造外圆内方的货币，但上面文字不是汉字，而是当地文字，被称为"突骑施币"，展览品数量不少，约200—300枚。博物馆也展览壁画，有人猜测，壁画多是仿制，极少数看着像是原物。

五点，又去西边参观萨拉兹姆（萨拉子目）遗址，距片治肯特遗址很近，大约15公里，位于乌塔边境线，傍依泽拉夫尚河，这是一个公元前4000—3000年的聚落遗址，面积很大，超过130万平方米，是铜石并用时代到青铜时代的大遗址。发掘现场可以看到五个发掘大棚，俄、法、美诸国考古队曾在此发掘，现存遗迹有建筑、火坛和仓储遗迹，出土有石器、陶器、骨器、铜铁器等，最抢眼的是石磨棒和加工粮食的其他器物（图四）。该遗址文保

图四　萨拉兹姆遗址

员是一个当地小伙，25 岁，会五种语言，问他得知，这里出土的粮食主要是小麦，说明这里小麦生产非常早。此遗址是 2010 年的世界文化遗产，和国内不同的是，管理非常松散，似乎没有管理机构，只有个象征性的大门，还无人把守，任人随便出入。该遗址据说是中亚最早的原始农业遗址，布局非常简单，发掘现场只有五个大棚，遗迹裸露，不加回填，其余都是平坦的草地，荒草丛生，田鼠出没。出土器物放一个小院内，游客随意参观。办公室门开着，没有人，桌子上摆着一本留言簿，来参观的客人自己签名留念，我们都在上面签了名。

听胡总说，片治肯特西距撒马尔罕仅有一小时路程，约莫 45 公里，可惜因为地跨两国，过境麻烦，来往不便。晚餐时，胡总上了瓶片治肯特葡萄酒和几瓶俄国啤酒。

5 月 9 日，晴。

今早八点二十离开宾馆，到片治肯特（彭吉肯特）古城博物馆，该博物馆负责人也是彭吉肯特师范大学教授，是马尔沙克的学生。他先在博物馆给我们讲解，说彭吉肯特是 5—8 世纪的遗存，是粟特人的一座重要城市，这里曾出土唐代开元通宝，现藏杜尚别。该馆有许多圆形方孔的钱，但币文是粟特语，均为“突骑施币”。壁画是该馆镇馆之宝，挂在四周墙壁上，全部出于遗址一房中客厅，军事题材为主，一幅最大壁画上有马镫。据说当时粟特人家都有客厅，客厅一定要绘壁画。也有许多铜器和陶器，纳骨器。该馆有图录出售，大家买了几本。博物馆负责人又带我们参观马尔沙克墓，马尔沙克是一位优秀的俄国考古学家，在这里考古 50 年，太原隋代虞弘墓发现后，纽约大都会博物馆曾经邀请他到太原考察讲解，我曾陪他去大同，给我们也解决了好多问题。他病故前，要求将自己葬在遗址旁边，所以他的墓位于博物馆对面。站在墓前，我们集体三鞠躬，致意哀悼，我心中逐渐酝酿出一首小诗，献给马尔沙克。

随后我们参观古城遗址，都是房址，夯土墙很厚，房间面积不大，多是套间。参观完毕，和馆长合影留念。

12 点前，离开彭吉肯特，途经突厥斯坦山，前往苦盏，苦盏是粟特州的州府，塔吉克斯坦第二大城市。在粟特州伊思泽拉夫尚市，顺道参观了重建的东曹国城堡。随后进入锡尔河流域。吃晚饭时，上一种鱼，是锡尔河的宋鱼。餐后赶到宾馆，原是劳模疗养院，总统女儿负责，已是晚上十点。

5 月 10 日，晴。

今早早饭后，先去海边观海，乘一会儿快艇。然后去锡尔河边照相，又参观苦盏博物馆，这里主要是粟特以前的东西，受罗马影响很大。午饭后开始返回杜尚别。越过突厥斯坦山和范山进入市区。八点多住希尔顿酒店。又是晚上回到酒店，很疲乏，导致日记简单。

5 月 11 日。

今早无事，没有联系上座谈的教授，上午十点半，去参观办过上合组织会议的纳乌兹宫（那乌鲁兹宫），极其豪华。午饭后，多数人去参观一个古城遗址，焰朋身体不适，两个人陪他回到宾馆。晚上临出发，焰朋忽然腹痛加重，已是 23 点，胡总决定，大伙先去机场，他带焰朋去一趟医院。大家到机场半小时左右，刚广播登机，焰朋也赶到了，腹痛大为减轻。登机过程中，有人借检查手续之名索贿，轮到我时，可能看到我年纪较大，没有刁难，未提出任何要求，平安过关，不禁暗自庆幸。大家全部登上飞机，互相庆贺，安然返回国内。这次考察圆满结束，每个人都是收获满满。

丝绸之路与古代山西

山西和丝绸之路的关系由来已久，先秦就有明确物证。2002 年在上海博物馆举办了晋侯墓出土文物展，其中就有西来的红色菱形玛瑙。民国时山西灵石县曾出土 16 枚罗马（相当于两汉时期）古钱币、广灵汉墓出土陶胡人俑、朔州汉墓出土铜质胡人俑，均可证汉代山西与西域的联系。

然山西与丝绸之路保持最密切关系的时期，莫过于北朝，北朝山西与丝绸之路的关系，领先于全国其他地区，对全国乃至隋唐都有极大影响。

北魏前期，平城（今山西大同）作为北魏都城，与丝绸之路的关系更为密切，超过了长安和洛阳。

公元 398 年，鲜卑拓跋部迁都平城，翻开了平城历史上最为辉煌的一章。太武帝攻灭北凉，再次开通东西方交往之路，平城派出使节远赴西域，西域人也东赴平城。平城成为该时期唯一的丝绸之路东端，翻阅《魏书·西域传》，记述西域诸国，多是记距离代（平城）多少里，如洛那国（今中亚费尔干纳盆地，位于今乌兹别克斯坦、塔吉克斯坦和吉尔吉斯斯坦三国交界处），“去代一万四千四百五十里”；粟特国（今乌兹别克斯坦共和国），“去代一万六千里”；波斯国（今伊朗）“去代二万四千二百二十八里”；大秦国（古代罗马帝国），“去代三万九千四百里”。可见在古代史家心目中，平城代表的北魏王朝才是丝绸之路的东端。《魏书·西域传》记载的各国概况以及距平城的距离，是胡商和中外使节无数次奔波测量的结晶。这些资料的积累，对增进各国相互了解、推动商贸，起到至关重要的作用。

太武帝打通西域后，由于佛寺藏匿武器，曾发起灭佛运动，刚刚兴起的中西关系遭到压制，但文成帝继位后马上重新开通和丝绸之路的关系，一方面重新推崇佛教，开凿了著名的云冈石窟（图一），建立了僧官制度。另一方面，大批胡人乐舞都通过丝绸之路进入。自此，平城成为丝路东端最重要城市，中西交通和交流登上一个新的阶段。

沿丝绸之路到平城，大致路线是，进入新疆，穿过甘肃河西走廊和宁夏、陕北，渡过黄河，登陆山西河曲、保德、偏关诸县或从内蒙古君子渡登岸进入托克托县，这些地区，在北魏多属京畿地区。

平城遗址和晋阳城遗址（今太原西南），留存着大量

图一　云冈石窟第二十窟大佛

有关丝路的遗存，最著名的当属云冈石窟，是佛教通过丝绸之路直通平城的物证，中西因素相互结合，气势恢宏，独一无二。在大同市博物馆展出的四狮环立石灯，其狮子造型，在印度桑奇塔附属建筑中就有类似原形，刚出土，我们就议论，此物可作为平城的 logo（徽标）。另在新发现的北魏文成帝太安四年解兴石堂壁画中，发现箜篌演奏图，它的意义在于，这是北魏考古中发现较早的丝路器物东传的证据。根据以往的考古发现，结合云冈建造时间，前两年我们认为丝路文化被平城较广泛接受的时期当是文成帝和平年间，现在看来，还可以提前到文成帝太安时期。环视黄河流域，在此时期，没有哪个城市遗址出土

图二　大同北魏遗址出土鎏金高足铜杯

过如此丰富的外来器物。

汉代的丝绸之路主要与官方发生关系，而北魏以后的丝绸之路，不仅把中断多年的丝绸之路再度恢复，而且来往的深度、广度与长度上都超越了两汉，深入到民间和社会诸阶层，延续到唐五代之后。可以说，平城开创了丝绸之路的新时代，

另外，东魏北齐时期，晋阳成为北方军政中心，“齐氏别都”，胡商辐辏，商贸发达，自然成为丝路东端之一，留下许多胡人活动的记录与遗物。北朝以降，晋阳定居着许多粟特人，见于墓志的粟特人就有翟娑摩诃、翟突娑父子、安吐根、翟楷、虞弘及其父亲等。

山西古代丝绸之路遗存的种类分为三种：一是西方的生产器物，比如金银铜器、石刻绘画、陶瓷器、玻璃器和珠宝；二是引进的工艺技术；三是佛教和丝路艺术。

以上三种又可具体分为以下几类：金银钱币、日用器物、珠宝玻璃、人物衣着、商人贸易、葬具碑刻、工艺制造、佛教信仰和舞蹈音乐。

金银钱币：在山西天镇县的一段汉长城土洞中发现了一个布袋，布袋中藏有 49 枚波斯银币（图二），当属北魏

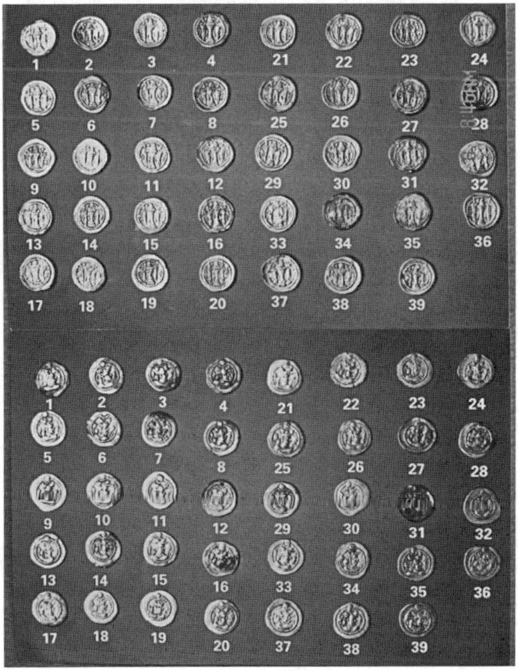

图二　天镇县发现的北魏时期波斯银币

孝文帝太和期间。可能是当时为了暂时存放，结果再没有取回。后来这些银币由县文管所收回。

日用器物：这类文物在平城遗址、晋阳城遗址都有发现。比如发现的高脚杯这种器形，其实并不符合中国传统的黄酒，而是为了葡萄酒所制的，其上往往会有葡萄纹饰或庆祝葡萄丰收的舞蹈纹饰。另外银碗、银盘等金银质器具均由丝路贸易而来，它们的工艺图案风格与汉魏以来的中国传统大相径庭，但同罗马风格非常接近。

玻璃珠宝：我们所发现的北魏玻璃器上，有许多纹饰，其中联珠纹是西方常用的，莲花纹和忍冬纹则是由佛教传过来的，可证玻璃器的传播路线也是由西而东。另外，在大同北魏墓葬中出土的下颌托残件，也与丝路有关系。在吉尔吉斯斯坦国家博物馆， 藏有一件工艺上非常接近的同形制金饰，这种工艺方法在青铜器上都很少见到。二十一世纪初，太原北齐徐显秀墓出土的戒指，经考证就是通过胡商贩运来的，其图案完全没有中国风格，而更近于希腊罗马的众神之王宙斯。

人物衣着：主要见于胡俑与墓葬壁画中。我们曾发现一幅平城北魏墓葬壁画上的天王武士图，从画有三目来看，应该是一位神，从面目衣装表现来看与新疆克孜尔等石窟的菩萨很相似，从绘画技法来看，也应该是一脉相承。使人强烈感到，该墓壁画的画师很娴熟于西域绘画。

胡商贸易：所谓“商胡”之类的称呼，开始主要是指通过丝绸之路而来的外商，时间久了，逐渐推广到泛指所有外国商人。《后汉书》卷八八《西域传》记载："驰命走驿，不绝于时月；商胡贩客，日款于塞下。"这里提到的"商胡贩客"，就是指外商。东汉以降，尤其是北朝，外商东来人数骤增，他们在中国的贸易活动及其带来的文化，对中国产生很大影响，构成当时社会的鲜明特色之一，是当时东西文化交流和互动的重要组成部分。

入华胡商出土的物证有三类：一类是直接物证，如平城地区北魏墓葬出土的胡人牵驼俑，或者是其他地区出土的胡商绘画、雕刻等，象征着丝路商队或商人；一类是间接物证，如通过丝绸之路贩运而来的西域器物，表现的是丝路贸易的内容，前两类在山西的很多墓葬中都有；而第三类是胡商文书或书信，记载了胡商的境况、入华手续以及货物价格等。第三类在山西没有发现，而在新疆已经出土了很多。在有的墓中，几类物证一起出现。而在多数墓和遗址中，往往只有一类物证。胡人手牵双峰陶骆驼的随葬品或单个的陶骆驼，在大同北魏司马金龙墓、雁北师院 2 号墓，甚至其他墓葬都出现过。该时期表现丝路来的胡人商队，以人和骆驼组合为特征，不需要在骆驼背上添加驮架或者囊袋。这是北魏早期胡商的表现形式，也是早期的特征。那种在骆驼背上添加驮架或囊袋的表现手法，主要出现于北魏迁都洛阳以后，是胡商象征物演化的又一形式。

归纳胡商俑或胡商图，可以得到以下认识：

1. 胡商俑、牵驼俑和载货陶骆驼的组合以及胡商图，随着时间发展，有自身演变兴衰的过程。从时间上看，牵驼俑和陶骆驼的组合大规模兴起于北魏定都平城前后，在内蒙古自治区北魏墓、大同司马金龙墓和大同师院北魏墓群已出土有胡俑及陶骆驼，在迁都洛阳后，诸多北魏墓又出土载筐骆驼和载货卧驼。北齐墓中，又出现了骑驼俑。进入隋唐，胡商俑与载货驼的数量、形式又有增加，如载货驼上骑一只猴，驮袋的形制与种类也成了多种多样，反映了隋唐对外开放程度的扩大。晚唐以降， 随着社会的变化，胡商俑及载货驼在随葬品中越来越少。

2. 骆驼、马、驴所驮载的丝卷、锦帛、毛皮等，是胡商俑组合与胡商图中最常见的货物，由大多数骆驼所载的丝绸看，将东西方商贸之路定名为丝绸之路，是名副其实的。骆驼、马、驴的驮载物除丝绸等外，还往往有水壶、毡帐、大雁、 肉条、野兔等，此类物品不是商品，而是胡商的旅途生活品。有一种骆驼所载的用木条制成的驮架，在夜晚住宿时，还能被用来搭撑毡帐。大同北魏墓即与胡俑陶驼共出过陶制毡帐模型。

3. 胡商俑陶驼的造型也经历了从呆滞到生动、由写实到艺术化的过程。不论是牵驼俑，还是陶骆驼和陶马，早期主要表现的是写实性与象征性，北魏前期的胡俑与陶驼基本上就是如此。从北魏晚期和东魏开始，迈开了由写实到艺术化的步伐。骆驼中出现了卧驼，北齐时，又出现了骑驼俑，发展到隋唐，导致出现了活灵活现、多彩多姿骑驼俑与三彩骆驼。

葬具壁画：这一类型文物中的一个重要题材就是胡商贩马图，在山西北齐墓葬壁画多次出现，直到唐代墓葬还有胡商贩马图。唐代上至皇帝，下到各级官僚，都喜爱骏马，不远万里来献马的胡人络绎不绝。通过胡商贩马，我们可知，一、西域良马是丝绸之路的大宗商品，在战争时期，是中国急需的主要商品。西域良马进入中原的渠道很多，除贡品外，主要是贸易，贸易方式之一，就是以物易物，以良马换取丝绸。二、西域诸国出产良马，许多人牧马为业，自然善于养马驯马，前文所见胡商贩马图就是证明。敦煌290窟中心塔柱西面龛下方有幅北周《胡人驯马图》，驯马人身着胡服，短发，手举马鞭，正在驯服一匹红色烈马，这个驯马的胡人就是粟特人。在太原隋代虞弘墓石椁底座右壁中，也有粟特人驯马图像。凭借驯马特长，许多粟特人成为中国马场的官员，为中国繁育了品种优良的军马。三、北朝粟特人贩马图以艺术的形式记录下丝路贸易的重要方面，反映了对丝路马匹贸易的重视。这种形式延绵不绝，直至宋元明清，都有该题材的图画陆续问世，从一个侧面展示了中国长期的马匹需求和丝路贸易的轨迹。

舞蹈音乐：在云冈石窟诸窟雕刻着西方传来的琵琶、箜篌、筚篥等数十种乐器，多达数百件。云冈石窟12窟因为乐器多，被称为“音乐窟”或“佛籁洞”。这些丝路传来的乐器，在北魏墓葬绘画中也是屡见不鲜。

信仰习俗：北朝至唐代佛教石窟或摩崖造像，山西有300余处。云冈石窟诸窟是最好最早的证据。另一方面，佛教的传入为建筑格局带来了新的气象。当时唯一能和皇家相比的建筑就是佛教建筑，佛塔不仅成为当时中国的最高建筑，而且壮丽辉煌，令人敬仰。

工艺制造：《魏书·西域传·大月氏国传》载："世祖时，其国人商贩京师，自云能铸石为五色琉璃，于是采矿山中，于京师铸之。既成，光泽乃美于西方来者。乃诏为行殿，容百余人，光色映彻。观者见之，莫不惊骇，以为神明所作。至此中国琉璃遂贱，人不复珍之。"2002年冬季，大同北魏墓葬中出土一个玻璃壶，形制与随葬的陶壶接近，可视为本地生产玻璃器的物证。另外，《齐民要术》中记载的葡萄栽培技术，也是西域栽培技术在北魏流行的证据。

综上所述，北朝时期，山西与丝绸之路的交往非常密切，平城作为当时丝绸之路的东端应该是毫无疑问的。而且该时期来自丝路文物种类数量非常丰富，所以说，古代山西既是民族融合之地，也是文明互动的前沿。

本文原为在上海博物馆的讲座发言，后被记者根据录音整理成文，原载于《东方早报》2015年11月11日第11版。这次交稿前，又对该文做了一些修改

榆社县博物馆藏石佛造像选介

榆社县位于太行山西麓，山西省中南部，东邻左权、和顺，南接武乡，西毗祁县，北连太谷、榆次，现属晋中市。福祥寺坐落于县城西 25 公里岩良寺村东 200 米处二级台地上，北面为坡地，南、东、西三面环水。据 1999 年出版的《榆社县志》记载，该寺始建于五代时的后晋，后代多次修葺。现存正殿五间，金代建筑风格，山墙上还有元代壁画。另有南殿三间，明代建筑。1983 年，县文管所在维修大殿过程中，曾在大殿地面下发现并出土佛教石刻造像 6 尊和残石幢一个。

2001 年，榆社县村民在福祥寺维修过程中，偶然在大殿内地面下发现了一个埋藏着一批石造像的窖穴，面积约 9 平方米，最深达 3 米，距地表仅 20 余厘米。县文物局闻讯及时赶到现场进行保护，组织人员对埋藏的石造像作了清理，并且上报了省市文物局。

这次发现的石造像绝大多数为单体的佛教造像，共有 40 多个，有立佛、坐佛、菩萨、弟子等，大者 2 米多，小者数十厘米，有的上面还有供养人的题记。也有造像塔，大多残缺。就单体造像而言，有的有头无身，有的有身无头，时代大约是从北魏晚期到唐末五代。埋藏原因不明。这批图像正在整理绘图之中，因有两件被选中外展，兹先略加介绍。

1. 北魏末到东魏菩萨立像

该像为背屏式高浮雕单体菩萨立像，砂岩石质，高约 1 米，头有头光，有小舟形背光，上部稍残。头戴花冠，两侧有宝缯，向上飘又向下折回，折角明显。脸容清癯，两耳垂肩，高鼻小口，眼帘垂下，双下巴，面带笑意。颈带桃尖形项圈，两小臂残缺，身体较瘦，两肩较窄，上身帔帛绕肩臂而下，在腹前打结。下身为曳地长裙，裙腰较高，系细带，裙下摆向外撇出，外展明显，皱褶匀称细密，衣褶突起，裙下露两足，立于一块石板上。裙下摆和帔帛向后侧斜去，飘动感很强，似被风吹向后（图一）。从

图一　北魏末到东魏菩萨立像

侧面看，该造像头直背挺，腹部微隆。综合以上特征，从该像造型看，时代当在北魏晚期到东魏。

2. 北齐菩萨立像

该像为圆雕单体菩萨立像，砂岩石质，高约 2.05 米，头戴花蔓宝冠，宝缯折角下至肩部。面相椭圆，丰满光洁，细眉弯长，丹凤目，双目微闭，鼻直且挺，嘴唇较薄，嘴角上翘，带有笑意，双耳下垂，端庄秀丽，可惜面部眼角和面颊处稍残。身体结实，肩头浑圆较宽，身着袒右僧祇支，有帔帛，颈饰项圈，胸前、腹部、腿前挂满华丽的璎珞，两臂残，下着轻薄无皱褶宽松长裙，腰系带，带在腹前直直垂下，在中部打一花结，跣足立于莲台之上（图二）。该造像时代当在北齐。

图二　北齐菩萨立像

该批造像的时代从北魏晚期到唐末，有些遗物甚至更晚，如在 1983 年该遗址出土的一个八角经幢上，刻有一段铭文，曰："大晋开运三年，岁次丙午，九月五日……合邑……建造释迦牟尼佛像一区记。”文中写明造释迦牟尼佛像和大晋开运三年（946）的年号，是断代的重要依据。同时从这批造像中北朝和唐的造像占大多数来推析，福祥寺的初建年代，可能要早过五代，最晚应是唐代。

这批造像，包括经幢，皆出土于福祥寺遗址，且连绵数百年之久，反映出古代福祥寺香火很盛，影响较大，故得以久盛不衰。

北魏到唐，从平城经晋东南到洛阳，是一条重要的交通要道。沿途文化遗迹甚丰，特别是佛教寺院遗址或遗物，如石窟和石造像，至今仍有很多，也经常有石造像重新出土问世。榆社县就是这条南北干线中间重要的一站，县内石窟、寺院近百处，至今仍存北朝隋唐石窟、摩崖造像二十余处，前年在县城又出土一大批北朝隋唐的佛教石造像。这些佛教遗物，均是该县古代佛教活动兴盛的标志。这几批佛教造像的出土，对研究当地的历史文化，尤其对研究北方地区佛教信仰的传播影响以及佛教艺术的流传演变，都有着非常重要的价值。

本文原载《文物世界》2004 年第 4 期

虞弘墓展示的外来风情

丝绸之路，古代横跨亚欧，是一条曾为东西文化、物资交流做出卓越贡献的路，也是一条充满梦想、传奇的神秘之路。

2000 年 5 月，数十名专家经过认真评比后，评出“1999 年十大考古新发现”，太原隋代虞弘墓赫然列于其中，格外醒目。2001 年春，也是在北京，全国百余位考古专家经过通信评选和最后评选两道程序，评出“20 世纪百大考古重要发现”，其中也有太原隋代虞弘墓。

虞弘墓发掘才结束，国家文物局领导和国家有关部门许多专家便前来检查指导，面对出土器物，所有的人都兴奋不已，发出由衷的赞叹，并对下一步的保护和科研作了指示。新华社也在该墓发掘不久，及时作了报导。从发现至今，前来参观的已有美国、俄罗斯、日本、英国、德国等国家的许多学者和专家。这个发现的具体过程和文化内涵是什么？为何受到如此重视？还得从发现那年谈起。

1999 年 7 月，已进入盛夏季节，赤日炎炎，北方的天气异常酷热。

太原盆地位于山西中部，左为太行山脉，右为吕梁山脉，中间是平原，北高南低， 黄河第二大支流汾河由北而南蜿蜒贯穿其间。在此盆地西端，有蒙山、天龙山、悬瓮山等一连串小山，均属吕梁山脉，在这些山上和山下，散布着许多古代遗迹，特别是战国、北朝和隋唐时期的遗迹比较多。如山下有创建于春秋、盛于北齐、隋唐、五代的古晋阳城遗址和北朝已负盛名的晋祠，山上有始于北齐的天龙山石窟、童子寺、开化寺西山大佛等。此外，从春秋至唐五代的墓葬也特别多，经发掘的已不下千座。有趣的是，随葬品中还偶尔见到来自西域或反映西域生活情景的器物。

隋代虞弘墓位于太原市晋源区王郭村村南一条东西向的土路上，路宽 4 米，路北边紧邻着村民的住房，路南皆为玉米地。距该墓西南 600 米，原有北齐东安王娄睿墓，该墓已于 1978 年被发掘。据村民反映，在虞弘墓之南百余米处，地表上曾有体积较大的石猪、石羊、石狮等，修整土地时，被人埋入东面路边的土沟内。在据此稍远的南边，还发现过距地表很浅的北齐墓葬。据虞弘墓志所载，墓西约 3 里，还有西周初晋国的开国君主“唐叔虞”坟。

王郭村是一个有着 5000 人的大村，位于东经 112° 25.6',

北纬 37° 40.6'，海拔高度约 800 米。该村原先面积较小，近年随着村庄的发展，才扩到目前的位置。现在北距晋祠镇约 3 公里，距唐代晋阳城遗址约 5 公里，距太原市中心约 25 公里；向东不到 3 公里，就是汾河；村西 3 公里，即为悬瓮山脚下的青阳河和牛家口，悬瓮山由晋祠一直向南延伸至这一带；村南基本上是平原，南边最近的村为张村，距离仅有 1 公里。地势是西高东低，由于历史上多年山水的流漫以及汾河的涨落，这里的地层除上面一层厚约 50 厘米的耕土外，下面均为含沙量多、呈灰黑色的泥沙土。虞弘墓就建在这种泥沙土中。

王郭村有个村民叫王秋生，他家正在村子东南角上，出门便是墓葬所在的土路。那年 7 月初，天空突然落下雨滴，越下越大，一小会儿，地上已有雨水流淌。王秋生满心喜悦，对大秋作物来讲，这雨下的正及时，但转念一想，别让雨水浸泡了院墙，于是他提锹出门，想在土路南边挖个小水渠，让雨水从路南流走。可是他万万没有想到，没下两锹，下面就触到一块硬物，连换几个地方，依旧蹬不下锹去。他好生奇怪，就把仅半锹深的路土铲去，露出一长段白色石头。他返回屋里叫媳妇来看。邻居们也闻讯纷纷赶来，大伙左看右看谁也看不明白，于是顺着石头四缘挖开，出现一个汉白玉石制屋顶，再向四面扩挖，发现用砖砌成的四道墙壁，墙近方形，将汉白玉屋顶围在中间。村民终于认出这是一个墓顶已被破坏的古代砖室墓。该地名叫“石猪窝”，原是一片荒丘墓地，二十世纪七十年代开拓墓地为农田时，就经常出现古墓。前几年村民修建新房，也不时发现古墓。这座古墓，应是该地古墓群中的一座。然而按村里的传统习俗，农历五月不动墓。于是他们商量着先看住，等过了五月再说。7 月 9 日，在王郭村指导修路的区城建委主任武春晖得悉这一情况，立即通知了晋源区文物旅游局。晋源区文物旅游局局长张兴民、副局长李爱国闻讯赶到现场，组织人员进行保护并将此事上报上级有关部门。

根据省文物局的安排部署，由省、市考古所和晋源区文物旅游局组成了联合考古队，于 7 月 13 日正式开始发掘。先去掉耕土层，寻查墓坑边和墓道，该墓坑北一半埋在路下，南一半压在玉米地下，再南即墓道。在向南清理耕土时，发现了一条东西向直径达 70 厘米的汾河引水管，这是四年前村里搞水利建设铺设的，引水管距石椁大约 50 厘米，下管时还拆掉了许多墓门砖，但是当时的人是“无缘对面不相识”，谁也没注意到这是一个极有价值的古墓，而使它又在地下沉睡了四年。

时逢雨季，为免遭雨水进入墓室、影响发掘工作、破坏文物，考古队员还专门在墓室上搭起帐篷，并雇人日夜守护。雨停后的白天骄阳如火，帐篷中又闷又热，通风不畅，气温比外边还高，畅红霞、田进民、李建生、李爱国等队员都是光着膀子、脖子上搭条毛巾在工作。村委会和村民也是积极配合，有求必应，使清理工作得以顺利进行。

墓底的随葬品如汉白玉人物俑、砂石人物俑、墓志、汉白玉柱、汉白玉莲花座等也在考古队员的手下一一除去泥土，重见天日了。

至7月26日，墓葬清理结束。27日，开始绘图和现场摄影。随后回填了墓道，以防雨水顺墓道灌进墓室。28日，草图绘完。次日，将全部小件零散文物包扎运回库房，将石椁暂时包封。8月15日，省、市考古所同志和晋源区文物旅游局的有关同志将汉白玉石椁各部分编号记录、搞清其结构后，将其拆卸、拍照、包装、起运入库。同时，清理椁座内的淤土，在土中又发现一批碎人骨、铁扒钉、碎陶俑和汉白玉石板。石椁起运后，又对椁底进行清理，直至生土层，再未发现其他遗迹、遗物。至此，经过一个多月的艰苦工作，田野发掘才算全部结束。

从7月27日起，这座具有1400多年历史的隋代墓葬就完全展现在人们面前（图一）。

该墓为砖砌单室墓，由墓道、甬道、墓门、墓室几部

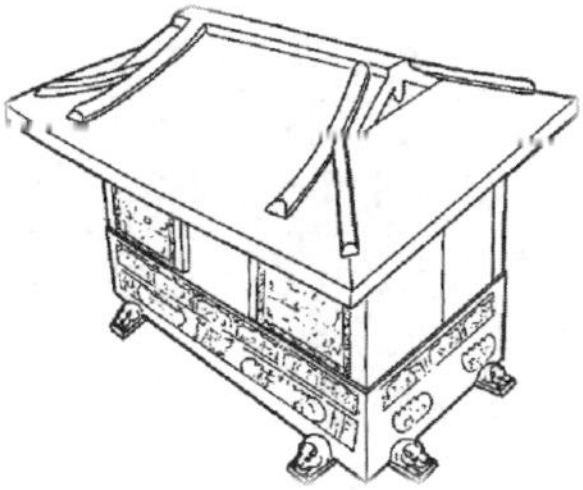

图一　虞弘墓石椁

分组成。总长 13.65 米。墓室顶部早已被破坏，平面呈弧边方形。东西弧边中部长约为 3.9 米，弧边两头东西长约 3.66 米；南北中部长约 3.8 米，两端南北约为 3.55 米。墓壁厚 0.34 米，残高最高约 1.73 米，比墓室中部摆放的石椁顶部还低 25 厘米。壁略带弧形，砌法也是三顺一丁，共四组。

葬具仅存一汉白玉石椁，位于墓室中部偏北之处。石椁外观呈三开间、歇山顶式殿堂建筑，由底座、中部墙板和椁顶三大部分组成 ，总长约 295 厘米、宽约 220 厘米、高约 200 厘米。四周内外皆为雕绘。椁座下四周各垫两个兽头，兽头朝外，背上负着椁座。尤为重要的是，在该椁正面、里面正壁和两侧壁及椁座四周均有浮雕彩绘图案，表现出浓厚的中亚波斯文化色彩（图二）。

图二　虞弘墓石椁正面

如此精美宏丽的汉白玉石椁，以前从未见过，直到今天，它依然是唯一的一个，它的文物价值与艺术价值极高，令人惊叹。

在椁内，有两具已散乱腐朽的人骨，经专家鉴定，属一男一女，证明这是一个夫妻合葬墓。

出土随葬品除石椁外，还有墓志、瓷碗残片、石人物俑、八棱彩绘雕刻柱、莲花底座、陶俑残片，铜钱、门楣等，共计 80 余件。墓志载，男主人姓虞名弘，字莫潘，鱼国尉纥驎城人。曾奉茹茹国王之命，出使波斯、吐谷浑等国，后出使北齐，随后便在北齐、北周和隋为官，在北周一度任“检校萨保府”，职掌入华外国人事务。卒于隋开皇十二年，终年 59 岁（图三）。

这个鱼国，在二十四史中不见记载，它位于亚洲什么

图三　虞弘墓志

位置？请教过许多中外专家，甚至包括俄罗斯中亚考古的权威，都没有肯定答复，显然，这是一个现代人以前并不知道的神秘的古代王国。它的问世，为古代史的研究填补了一个空白，也提出一连串疑问。

出土随葬人物俑分汉白玉和砂石两种石质，共 16 件，可分侍从俑、伎乐俑和柱剑俑三种类型。

侍从俑

皆为砂石，青灰色，无彩绘，共 4 件。具体为二男二女，男俑为胡人形象，一个完整，一个头部残损。完整者戴尖圆毡帽，着窄袖长袍，腰系一带，两侧吊系有小刀、囊袋等 7 件物事，怀抱一鸭嘴形单耳瓶，立于一块方石板上，全高为 68 厘米。女俑 2 件，梳双髻，着交领窄袖长裙，外罩圆领衫，双手在胸前捧一巾，也立于一块方石板上，全高为 65.5 厘米。

伎乐俑

均系汉白玉加彩绘，残存 10 件。有的完整，有的残损，俑下皆带一较长的圆锥形榫头。另在墓室底部出土 6 个 8 瓣覆莲座，平面呈下方上圆，与莲花柱础相似，但上部无平面，卯眼也为圆锥形，正好插放伎乐俑，可知伎乐俑原本是插在莲花座上的。伎乐俑有男有女，男俑戴黑色幞头，面颊丰满，双目微垂，面带微笑，身着浅褐色圆领窄袖袍；女俑头梳双髻，弯眉细目，神态恭谨，身着圆领窄袖长裙，腰系红色长带，皆汉人形象。

柱剑文吏俑

共2件，汉白玉石质，均残，一件缺首，一件无足。有首者头戴小冠，黑眉红唇，身着交领宽袖红色长袍，两手于胸腹间相交，握一长剑，剑直竖于身前。缺首者服饰姿势与前者相同，下部完整，足下为一圆锥体长榫，可知也是立于莲花座上。

脚踏莲花座的伎乐俑和柱剑文吏俑以前未曾出土，莲花是佛教中最圣洁的花，伎乐者和莲花联系在一起，透露出佛教文化对这种葬俗的影响。

这些俑和墓志固然很有价值，然而令参观者和研究者目光所及，感到震撼心灵的，并不是俑和墓志，也不是那雄宏的仿宫殿的汉白玉石椁，而是那些雕绘在石椁内外、色彩缤纷、表现的完全是域外风情的画面。

石椁四周内外雕绘有五十多个单体图案，图案内容宏富，具体有宴饮图、乐舞图、射猎图、家居图、行旅图等。其中狩猎图中，多为骑马、骑象、骑骆驼搏杀狮子者，人狮搏斗的场面甚为激烈。图中人物皆深目高鼻黑发，人种属于地中海高加索人种。图中的人物服饰、器皿、乐器、舞蹈以及花草树木等，均源于波斯与中亚诸国，典型的有带绶鸟、带绶马、“胡腾舞”和带端为扇形的飘带及长帔等，波斯、中亚文化色彩非常浓厚突出。有些画面甚至和祆教有关，对研究丝绸之路与古代东西文化交流有着极重要的意义，也表明，古晋阳是丝绸之路上西安、洛阳之外的又一重要城市。

分析雕绘内容，大略分为三部分。

第一部分由正壁外部左、右两块画面和椁内右、后、左三壁的画面组成，共9块，该部分画面大，由一大一小两个画面组成，皆为浮雕加彩绘，应为整个石椁的主要画面；

1. 这块画面位于石椁前壁右方，画面朝外，高96厘米，宽69厘米，四周浮雕着一圈宽约5厘米的肥叶忍冬纹花边，其中画面又分两部分，上部占约三分之二，下部约为三分之一（这些都是程式化的东西，以下各画面都有，将省略不述）。

上部画面浮雕一人牵一骏马，牵马者为年青男性，鼻子又高又尖，双眼凹入，身袭圆领窄袖红色长袍，足蹬一双白色高筒皮靴。牵马者对面为一红色骏马，最富特征的是，一是不见马镫，二是马尾中部用丝带扎成蝴蝶花结，花结下，马尾分为两叉。马左侧后立有三人，均为男性，深目高鼻，身着圆领窄袖长袍。在画面中还有两条犬和两只鸟，大鸟有头光，脖颈系一向后飘扬的彩带，似为一只孔雀。孔雀右是一只绿色小鸟，正在衔一条葡萄的枝蔓。

大图案下还有个横长方形小图案，雕绘着一匹奔驰的

图四　第一块椁壁图案

有翼神马图，马的后部变形为鱼身鱼尾（图四）。

2. 第二块椁壁图案位于东壁南部，画面朝内，高 96 厘米，宽 58 厘米。

在上部大图案中，浮雕着一座精雕细刻的六角台座，上有勾栏，栏内从左至右并列三人，作舞蹈状。均为男性，体态肥腴，短发披肩。在台座下右侧有二人，男性，一左一右，左边一人半身掩在台座后，右边人双手在胸前抱一

图五　第二块椁壁图案

敞口圈足大坛。

大图案下的小图案内，雕绘着一副雄狮与神马搏斗图（图五）。

3. 第三块椁壁图案位于东壁北部，画面朝内，图案高约96厘米，宽约47.5厘米。

上部图案中部为一人骑驼射杀狮子的场面。该人有头光，后飘着三条彩条丝带，短发，深目高鼻。身穿一件前开口长袍， 袍外上套一件红色圆领半袖衫，跪骑在骆驼背上，左手平举，撑着一张大弯弓，注视着左方扑上来的一头红色雄狮，引弦待射。骆驼配合着主人与另一头狮子搏斗，咬住狮子的腰脊。

大图案下的小横长形框内绘着一个有头光、深目高鼻、带有耳环的人，侧身坐在一个镶有花边的圆垫上，右手握一角形器送向嘴边（图六）。

4. 第四块椁壁图案位于后壁东部，画面朝内，图案高约96厘米，宽约66厘米。

上部图案是一幅骑驼猎狮图。一头高大精健的单峰骆驼昂首挺胸疾奔，背上负一骑者。骑者穿一件长袍半臂衫，下为紧身裤和软靴，手握弓箭，扭身回顾，对着驼后一头雌狮，引弓欲射。骆驼前方还有一头雄狮，从正面拦扑骆驼。

大图案下的小图案，花草中部雕一只奔跑的鹿（图七）。

5. 第五块椁壁图案位于后壁中部，画面朝内，高96厘米，宽100.15厘米，雕绘画面正对着椁门，是所有图案中面积最大、人物最多的一幅图案。

上部图案中部是一大毡帐的后半部，通过这种剖面雕

图六　第三块椁壁图案

绘法，既显示了帐幕外形，又展示了帐内的空间。在帐内空间靠后正中，有一床榻，坐着一男一女，男左女右。男者头戴冠，冠后有两条长达臂肘的飘带。深目高鼻，右手

图七 第四块椁壁图案

端着一只碗，举于胸前。目光温和地平视着对面的女子。女子面对着他，屈腿坐于平台上，头戴花冠，身着半臂裙装，左手放于左膝，右手前伸，举一高脚酒杯，陪男子饮酒。在二人后侧，各有两名男女侍者。

在主人和侍者前面，还有很大场地，有六名男乐者，分左右跪坐于两侧，乐者之间还有一大片空地，有一男子正在中间跳着“胡腾舞”，组成一个欢乐祥和的宴乐场面。

在大图案下的小图案中，表现的则是一个内容不同、人狮搏斗的情景。整个画面雄壮惊人，甚为惨烈（图八）。

6. 第六块椁壁图案位于后壁西部，画面朝内，高 96 厘米，宽 49 厘米，画面上部占约四分之三，呈竖长方形；下部约为四分之一，呈横长方形。

上部大图案内中部为一人乘象杀狮的场面。该人有头光，后飘着两条彩条丝带，身穿一件长袍，下身穿一条紧腿裤，膝下部分另有一宽肥的花边护腿，不知其名，与波斯萨珊王沙普尔一世所着相似，足蹬一双软鞋。他两手各握一把长剑，挡住一头从身后扑上的雄狮；所乘之象形体

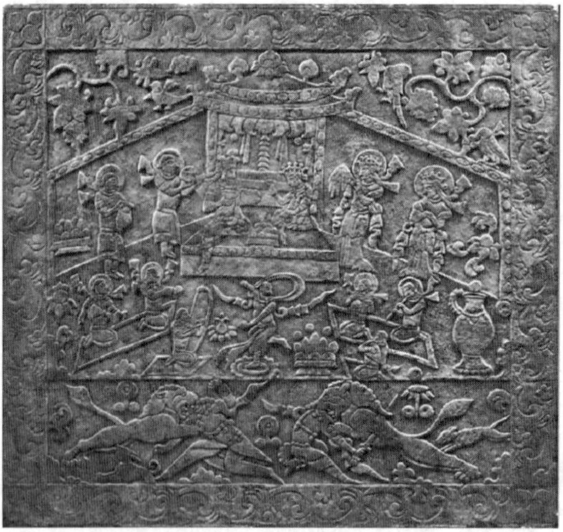

图八　第五块椁壁图案

图九　第六块椁壁图案

高大，长鼻高卷，护在主人背后，迎击前面上方袭来的另一头狮子。

大图案之下的小图案，是一只鸽子，向右侧立，羽毛丰满，脖上系一条丝带（图九）。

7. 第七块椁壁图案位于西壁北部，画面朝内，高 96 厘米，宽 55.2 厘米。

上部大图案中雕绘着三人一马在行途中驻足饮食之情景。马为深红色高头大马，骑者气宇轩昂，头戴镶有宝珠的红色王冠，有头光，冠下飘起两根丝带。身穿红色圆领

图一〇　第七块椁壁图案

长袍半臂衫，下着白色紧腿长裤和软靴。他安然坐于马背上，左手端一碗举于面前，似准备喝水。马前站一年青随从，双手端一盘，高举着进献给主人。马后内侧还有一个年青随从。

在大图案下的小图案内，雕绘着一只白色带黑斑的山羊，缓步向一朵小花走去（图一〇）。

8. 第八块椁壁图案位于西壁南部，画面朝内，高 96 厘米，宽 52 厘米。

上部大图案表现的是主仆三人休息的场面。主人在左，二仆在右。主人有头光，戴一冠，身穿窄袖长袍，坐在一个红色束帛座上，右手握一白色高脚大口杯。在他前有一年青仆人，单腿跪地。双手捧果盘，献给主人。在他身后，还立着一年青仆人，两手于胸前抱一琵琶，在为主人奏乐。

下部小图案内容简单，雕绘了一只飞跑着的白色大角鹿（图一一）。

9. 第九块椁壁图案位于前壁左方，画面朝外，高 96 厘米，宽 70.5 厘米。

上部图案雕一人骑一马，头戴冠，穿一件圆领窄袖长

图一一　第八块椁壁图案

袍，足登白色高筒长靴。马后立着一位侍从，手举华盖。马前不远处还立有一人，神态恭谨，捧一小果盘。

下方小图案，左边是红色忍冬叶和小花朵，中部为牛与狮的搏斗图（图一二）。

画面第二部分由石椁外壁右、后、左的画面组成，均为绘画，共 7 块，每块上绘 1 人，虽然画面亦大，但内容简单，主要为墨线勾边，内填白黑二色，有男有女，有立

图一二　第九块椁壁图案

有跪，皆无头光，神态恭谨，似为侍者。先介绍两幅：

1. 该椁壁图案位于东壁外南部，图案高约 96 厘米，宽约 72 厘米。

该图案左右边缘为墨线绘的花草叶蔓，中部绘一人跪坐于小毡毯上。身穿白色圆领窄袖长袍，足蹬黑色短靴。他双膝跪地，两手端盘举于胸前，盘内似盛一只煮熟的鸡。

2. 该椁壁图案位于后壁东部，高 96 厘米，宽 78.5 厘米。

该图案中部绘一侍女，侧身向左站立，头部色彩轮廓皆因水浸剥落，无法描述。身材婀娜纤细，双手捧一物。身穿一件束腰曳地长裙，裙下露出黑色窄鞋。由裙的形状看，与石椁浮雕中的侍女裙相近，而与女俑裙装相去甚远。

画面第三部分由椁座外部的画面组成，画面众多，或雕或绘，内容复杂，画面最小，位于椁座，应是附属部分，但有的内容也很重要，共 29 幅。我们介绍几幅：

1. 该画面雕绘于椁座前壁上排左数第 4 个壁龛内，先浮雕，再在浮雕上施彩。龛内雕绘两人，左一人身着白地红花鸡心领窄袖长袍，白色长裤，足蹬一双黑色长筒靴。双手握一横笛，正放在嘴边吹奏。

右一人身着圆领窄袖长袍，白色长裤，足蹬一双黑色长筒靴。肩披一红白二色帔端为火焰形的曳地长帔。胸前斜挂一束腰鼓，两手击着鼓面。

2. 该画面雕绘于椁座前壁下排正中。

画面中部，是一个灯台形火坛，上有熊熊火焰。在其左右，有两个人首鹰身的祭司相对而立，上半身为人身，下半身为鹰身，有鹰翅、鹰尾、鹰腿爪。两祭司均是上身倾向火坛，手戴手套，一手捂嘴，一手伸出，抬着火坛一侧。这种形式在世界各地拜火教图像和波斯银币图案中常见。

3. 画面雕绘于椁座前壁下排左数第 1 个壶门内。

壶门内雕绘二人，左一人有头光，头顶稍秃，身着红色圆领窄袖长袍，足蹬一双黑色长筒靴，坐在一个红色束帛座上，左腿架在右腿之上，左手握一长管形的器物放在唇边。

右一人与他相对而坐，身着白色圆领窄袖长袍，红色长裤，足蹬一双黑色长筒靴。肩披一红白二色帔端为火焰形的曳地长帔，右腿架在左腿之上，右手端着一浅底酒碗。在二人之间，摆着一个单把黑色大酒壶。

4. 该画面绘于椁座后壁上排左数第 3 个壁龛内。

龛内绘一副舞蹈图，画左绘一人站在一旁，穿一件红底白花的圆领窄袖长袍，足蹬一双黑色长筒靴。双手端一盛满红绿果实的圆盘，全神贯注地观赏着右面的舞蹈。

右面舞蹈者为一中年男性，身材魁梧健壮，头后侧有一红一白两条飘带，赤着上身，肩披一红绿二色的曳地长帔，长帔绕着赤膊随着身体旋转而上下飞卷。下身着肥松的红色短裤，腰系一条褐、黄、红、绿四色呈横纹状的长圆头软带，赤着小腿，腿部弯曲，右足踏地，左足抬起，在一块黄色小圆地毯上忘情地跳着“胡腾舞”。

5. 画面雕绘于椁座右壁上排左数第 3 个壁龛内。

龛内为一猎鹿图，猎者骑一马由右向左奔驰，穿一件土黄色圆领窄袖长袍，足蹬一双黑色长筒靴，双腿弯曲夹住马背，双手持一张黄色大弓，朝马前一头奔鹿射去。

面对以上图案，所有的观者都在惊奇惶惑之后，深深地感到，尽管我们已经做了很多工作，已经把历史编成小说、剧本，或电影、电视，但是我们对古代社会的了解还是远远不够。这再一次证明，我们已知道的历史要大大少于我们不知道的历史，古代社会之丰富多彩，远远超出我们贫乏狭隘的想象。以至于面对这批绚丽的图像，无人能够予以准确清晰的解读。

画面反映的究竟是什么意思？目前仍是扑朔迷离，难以给予准确的解释，因为我们还不能清晰说明每幅画的文化背景和宗教背景，甚至还不能判断出画面中的人物哪些是神？哪些是人？人与神的区别是什么？那些舞蹈是什么名称？与宗教、生活、丰收有无关系？那一个个画面之间有无联系，想表明什么？与墓主人有多大关系？

目前我们只能做到，根据前人积累的考古、历史研究成果，从图案反映的文化地域方位分析，图案中所见文化界域，应在中亚至西亚之间。首先，图案中人物皆深目高鼻，有的还有浓密的须髯，为古欧罗巴高加索人种，其形象与波斯图像中所见人种接近。还有一些人留着突厥人式的长发，正在骑马射猎。还有人骑着单峰骆驼和象，正在与狮子搏斗。还有的研究者认为，画面反映的至少与5个国家有关，如波斯、印度、阿拉伯、突厥和鱼国。其次，图案中飘带、系带鸟、系带马、长帔等比较发达，其程度与波斯图像中所见的接近，而超过古代中亚两河流域图像中所见使用程度。尤其是人物脑后的飘带，多见于波斯萨珊王朝诸王图像，其他地区不见或少见，反映出墓中图案与西域许多国家有关，但与萨珊王朝的关系最为密切。之所以如此，似乎与虞弘在波斯长期的生活经历有关。

最后，从图案反映的民族特色考察，图像内容体现的是西域文化风情，其中有的可能与墓主本民族的生活有关，有的与宗教信仰有关，如在石椁底座正壁图案中的祆教火坛，即与其民族的信仰有关。祆教也称拜火教或琐罗亚斯德教，在西亚和中亚流行了一千多年，随着丝绸之路的开通与商贸兴盛，祆教也由粟特人传到中国。这幅画就是明证。

搞清楚这批图像的关键是鱼国的位置和文化，搞清楚鱼国，也就掌握了解释这些图像的密码，而搞清楚鱼国，并非不可望之事，只要经过中外考古学家与历史学家的努力，终有一天，鱼国及这些图像的文化背景一定会大白于天下。

该石椁图像有许多艺术特色，其中最鲜明的一点，即所有人物、动物、飞禽表现的都是侧面和半侧面，尤其是人物，即使身体是正面，头部也是侧面，一来这不仅使人物深目高鼻的人种特征得以充分表现，而且使观者感到十分自然；二来这和古波斯的艺术手法是一脉相承的。还有些表现形式，在现实中是难以存在的，但在画面中却以超现实的夸张形式出现了，如许多飘带头不是朝下，而是朝上；又如长帔在顺臂而下时，往往要打一个圈。此外如牛狮搏斗图、犬狮搏斗图、象狮搏斗图、马狮搏斗图，甚至还有骆驼与狮子撕咬的图景等，也都是特殊夸张的艺术手法。这种独特的表现艺术，既不是中国传统的，也不是佛教的，源远流长，可追溯到公元前的西亚。

从雕绘技法看，也是极有意思的。该石椁雕绘首先是用墨线在修整平光的汉白玉石板上打框布局，勾勒出具体的图样轮廓，再用平面减地法凿挖出整体图案，图案细部再用线刻等手法刻出，最后是在浮雕图案上彩绘，主要有红、黄、绿、白、黑、蓝、紫几种色彩，这几种色彩除黄色为贴金箔外，其余均为天然矿物颜料，故能在一千四百年后，依然鲜艳夺目。就石椁图像整体评价，浮雕刀法流畅，色彩纯正分明，珠连璧合，相得益彰。

石椁图像的价值有多大？由上述远在一千四百余年前就来自西亚、中亚、与多个国家关系密切、又具有广博深刻的文化内涵和艺术特点的这批图像来看，其画面内容之丰富，艺术特点之独特，传播地域之宽广，全世界也是极为罕见，作为古代东西方艺术交流之物证和杰出的艺术品，其价值不言自明。

但是该石椁图像的价值远远不止这些，还有以下一些更重要的研究价值。众所周知，有关中亚古国文化的图像考古资料，即使在中亚也不多见，俄罗斯考古工作者在中亚两河流域的撒马尔罕、片治肯特和瓦尔赫沙发掘古代粟特人的遗址时，出土过严重残损的壁画，这些资料已经整理出版，引起学术界极大重视。俄罗斯、日本、法国、英国、美国等国学者研究丝绸之路中亚段时，依据的图像考古资料主要是这几批资料。类似资料国内只有零星发现，主要分布在新疆、甘肃敦煌和其他省区，都有学者发表了资料和研究成果。

太原隋代虞弘墓的图像资料比撒马尔罕、片治肯特和瓦尔赫沙等地的更为丰富完整，内容有许多不同。可以说，这是目前中国关于丝绸之路中亚段和波斯、粟特文化最丰富集中的一批图像资料，完全可以与撒马尔罕、片治肯特和瓦尔赫沙的媲美，甚至有过之而无不及。因此它的重要意义具体是：

●古代丝绸之路和东、西文化交流是国际学术界的热点，这一大批新资料极可能促使该热点升温，并再次把国际学术界东方学的视线引向中国。

●可以引申、拓展世界上关于丝绸之路和古代东、西方文化艺术交流的探讨。

●中国古代有关于袄教的记载，但科学发掘的实物尚未发现，石椁上有关袄教的图像，是有准确纪年的，所以能更深入了解袄教的内容和流传。

●在日、美、法、英、德等国博物馆，还有一批由我国流失出去的相近内容的石葬具零散图像资料，国内外学者也都做过程度不同的研究。对这批图像资料的真伪，许多人持有怀疑态度，导致有的研究半途中止，严重阻碍了研究的深入展开。作者曾听一位美国教授说，在日本滋贺县美秀博物馆，有一具出自中国的石棺床，棺床有与虞弘墓类似的图像资料，她本拟深入研究这批资料，但由于周围许多学者怀疑那些资料的真实性，不相信在中国古代的石棺床上怎么会出现完全反映粟特人生活的图像资料。因此她担心研究结果不被学术界承认，最后终止了研究。还有人曾向美国某大博物馆捐赠几块出自中国、带有类似内容的石棺床图像资料，因真伪难辨，该博物馆迟迟不敢接收。诸如此类的情况还有。现在，虞弘墓的发现彻底改变了这一状况，一是因为虞弘墓经过科学发掘的，无可怀疑；二是墓志上有准确纪年，时代明确；三是墓志上清楚记载虞弘乃鱼国人，地处西域；四是虞弘墓出土石椁是完整的，图像齐全。有此四大优势，所以虞弘墓的问世，除可证明国外类似图像资料的真实性外，更为重要的是，还为这批流散国外时代不明的类似零散图像资料提供了断代标准。

●中国古代文献中有许多关于入华粟特人及其活动范围的记载，但很少发现那时期入华粟特人的墓葬，最多只有墓志发现。虞弘墓是唯一一座墓主即为入华粟特人的墓葬，而不是入华粟特人后代的墓葬，所以无论是图像资料，还是碑文资料，都更有益于研究北朝时期西域、中亚游牧民族在华的活动及融合情况。从这个角度讲，虞弘墓的发现，撩开了古代入华粟特人的神秘面纱，使人们对粟特人的情况及中国古代的开放情况增加许多新的了解。根据已掌握的材料，北朝隋唐时代的对外开放程度和现在相比，不论是规模、深度，还是时间跨度，都要遥遥领先。那次的对外开放，大量外国人、财物和文化涌入中国，导致了盛唐数百年的繁荣与文明。现代的对外开放，必将也导致同样的繁荣与文明。虞弘墓的发现，也许正是古老历史给我们的一种启迪。

本文原载《中国国家地理》2002 年第 5 期

第三辑　漫谈杂忆

隋唐考古的重要收获

——读《长安高阳原新出土隋唐墓志》

随着历史研究的深入展开，各地新出土金石类著作逐渐走俏，受到古史研究者的青睐。今年，由陕西省考古研究院李明、刘呆运、李举纲主编，文物出版社出版的《长安高阳原新出土隋唐墓志》，格外引人注目，受到读者欢迎。一来几位作者都是老考古工作者，有着丰富的隋唐墓葬考古经历，2001 年至 2006 年，数年间，这支考古队就在西安高阳原发掘隋唐墓葬 803 座，出土各类随葬品数万件，其中最珍贵的，就是现在发表的 113 种墓志。这批墓志出土时间、地点都很明确，绝大多数没有发表，全部是新材料。墓志涉及很多官员及其夫人，有汉族人、北人，甚至入华粟特人，这批材料的出版，务必给中古史研究带来新的突破。借用发掘者的原话，即“多年的考古发掘和研究经验告诉我们，墓志是古代墓葬中最重要的随葬品，不夸张地说，墓志中所蕴含的信息占据整座墓葬信息量的一半以上。有了墓志提供的明确纪年和墓主信息，研究者就能大致脱离‘猜想’‘推测’这些词汇，而将发掘墓葬所获的一切信息真实化、具体化”。新资料的重要性不言而喻，一个地点就出土如此多的隋唐墓志，必然引起学术界重视。

考古工作者整理出版的墓志，带有考古的明显特征，本书也不例外。翻阅该书，最大特点就是考古特点很突出，比如在介绍中，首先注明出土时间、出土地点、墓葬编号、出土位置、保存状况甚至朝向等，然后再介绍志盖与墓志的质地、尺寸、形制、纹饰、字数、字体等信息。颇为新颖的是，每方墓志附有出土时照片，显示墓志在墓中的位置，有的甚至带有墓葬或者随葬品的照片，使读者在阅读墓志时，不但可以闻到考古现场泥土的芳香，还能够获得更完整的墓志相关信息。这种墓地信息，仅掌握在考古发掘者手里，一般人得不到也不会注意这些信息。这种信息对于研讨墓志文字以外的其他方面，都是极为有用，具有特殊的价值。

这批墓志共 113 种，隋代 13 种，唐代 100 种，时间以书写墓志时间或下葬时间为准，最早者为隋开皇三年（583），最晚者为唐咸通十二年（871），期间共 298 年。实际上，隋代墓志记载的志主入仕时间或事迹，多到北魏、西魏或北齐、北周时期，因此这批墓志对研究北朝至唐代社会变革来说，都是珍贵资料。这段历史过程中发生的杨

《长安高阳原新出土隋唐墓志》书影

隋代周、隋唐兴替、贞观之治、武则天称帝、安史之乱等大事，都在墓志中留下或多或少的记载，记录下隋唐由盛转衰的轨迹。

这批墓志多为石刻，也有砖志，也有的为朱书或墨书墓志，有的墓志或志盖上还雕刻各种纹饰。还有些特殊墓志，如《唐陆逵墓志》，墓志是陆逵的，志盖却是其夫人《唐故河南郡夫人元氏墓志》，而墓志首行又是《唐前德州刺史陆公逆修墓志铭并序》。浏览志主身份，大多数是官员，其次是夫人和官员之妻，再次是官员之女墓志，还有僧人、比丘尼墓志。诸墓志中，韦姓墓志较多，达 11 方，估计此地为杜陵韦氏家族墓地。

墓志是写刻于砖石上的史料，不仅有许多史书不载的信息，而且又有比较完整的世系等，均是研究家族、民间信仰、职官、风俗、民族融合、异体字的重要资料。出土墓志是新材料，许多学界悬而未决的问题，往往会因新材料的披露获得解决。

细观上述诸姓墓志，字体有隶书、楷书、行书或篆书，是隋唐书法演变的展现。以我陋见，其中《隋刘世清墓志》《唐刘某妻卢渠夷墓志》《唐韦虚丹妻李氏墓志》《唐桓执珪墓志》《唐李志忠墓志》《唐孟涉墓志》等具备较高书法价值，尤其是《唐孟涉墓志》，为“琅邪颜续”书。琅琊颜氏，世代传习儒学，尤重书法。颜续书法很好，似得颜体真髓，无疑是研究隋唐书法的珍贵资料。

值得注意的是，在许多墓志正文后，整理者还有一段按语，或长或短，是针对墓志或志主的考证。有的引用文献，有的参校其他墓志，正史有传的，都用墓志对照本传，互补缺无，不仅为读者阅读理解本墓志提供了方便，而且为研究者提供了进一步深入考察探索的线索。按语虽短，但是并不易写，需要查检大量资料。如《隋刘世清墓志》按语说：“刘玄（534—592），字世清，生前以字行。《北齐书》卷二〇有传。据本传记载，刘世清为当世第一突厥语翻译家，齐后主‘命世清作突厥语翻《涅槃经》，以遗突厥可汗，敕中书侍郎李德林为其序’。”对于考古工作者来说，不熟悉史书，没有一定史学基础，是难以胜任此事的。

翻阅该书，第八方墓志《隋修西魏吕思礼墓志》比较醒目，初看似乎不妥，对照拓片，拓片首行为“魏故七兵尚书汶阳吕侯墓铭”。阅读墓志正文，此公乃北魏入仕，后为西魏官员，西魏文帝时转任七兵尚书，卒于西魏大统四年（538），与夫人合葬于隋开皇十二年，墓志也写刻于隋开皇十二年。这种情况比较复杂，思虑再三，逐渐体悟编者定此名称用意，是既要依照本书体例，以墓志撰刻时间或下葬时间为准，也要依照志主经历和去世时间，因此将其定名为《隋修西魏吕思礼墓志》。此处使用“修”，应是修撰之意，意思是隋代修撰的西魏吕思礼的墓志。虽然墓志名称出现两个时代，但因果关系非常清楚，没有厚此薄彼。编者用心之良苦，态度之科学，由此可见一斑。

难以避免的是，该书也有瑕疵之处，举例说明，如目录第六十四是《唐韦韦有邻墓志》，翻到正文167页比对墓志名称，是《唐韦有邻墓志》，目录衍一“韦”字。类似还有一二，不再赘述。然而瑕不掩瑜，此书重要性已如前述，是近年难得的一部金石著作。

墓志整理是考古资料整理的组成部分，高阳原共发掘803座隋唐墓葬，我们期待编者再接再厉，整理出全部出土资料，早日出版考古报告。

本文原载《中国文物报》2017年10月3日第6版

一花一世界

——读《云冈石窟全集》

最近，拜读云冈石窟研究院张焯院长任主编，王恒、赵昆雨任副主编的20卷本《云冈石窟全集》(以下简称《全集》)，今年六月，《全集》正式由青岛出版社出版，收录彩色与黑白照片7000余幅，线描图、拓片图400多幅，研究文章23篇，共60余万字。《全集》包含着云冈学人数十载心血和研究成果，更可喜的是，作者皆为云冈学者，如张焯、王恒、赵昆雨、张海雁、刘建军、王雁卿、员小中、李雪芹、张华。这几位我很熟悉，年富力强而又功底深厚，热爱云冈，且有多年积累，谈论诸窟佛像，滔滔不绝，如数家珍。

云冈石窟是中国四大石窟之一，也是中原最早开凿的大型石窟群，佛教东传，从东汉始，经历魏晋，逾二百年，结晶于北魏武周山。石窟气势宏大，东西元素结合，多民族文化荟萃，被学界称之为“云冈模式”。北魏郦道元《水

《云冈石窟全集》书影

经注》卷十三《漯水》载云冈原貌："武周川水又东南流，水侧有石祇洹舍并诸窟室，比丘尼所居也。其水又东转，迳灵岩南，凿石开山，因崖结构，真容巨壮，世法所稀，山堂水殿，烟寺相望。"唐道宣《续高僧传》卷一《昙曜传》继而描述云冈石窟："龛之大者，举高二十余丈，可受三千许人，面别镌像，穷诸巧丽，龛别异状，骇动人神，栉比相连三十余里。"道宣所言正是云冈石窟的真实写照，至今游览，犹觉惊心动魄，令人顶礼膜拜，叹为观止。这得多大才华，方能设计出如此"穷诸巧丽，龛别异状，骇动人神"的石窟寺院，开创者昙曜以及继任者究竟来自西域哪个国家？有着怎样的非凡经历。

云冈石窟是北魏留给后世的瑰宝，是建筑、雕塑和壁画的结合体，体系庞大，内容精深，涉及佛教和北魏社会诸领域，是公元五世纪北朝中国社会缩影。其研究始于二十世纪初叶，1902年，日本学者伊东忠太考察云冈石窟后，率先发表云冈考察报告：《北清建筑调查报告》和《中国山西云冈の石窟寺》，引起国际学界的震撼与关注。百年来，云冈石窟研究，恰如滚雪球，由微渐著，已然枝繁叶茂，逐渐成参天大树。

北大宿白先生是中国佛教石窟考古的开创者，也是云冈学升华的推动者，他明确指出，云冈石窟具有极重要价值："云冈石窟是新疆以东最早出现的大型石窟寺群，又是当时统治北中国的北魏皇室集中全国技艺和人力、物力所兴造……云冈石窟影响范围之广和影响延续时间之长，都是任何其他石窟所不能比拟的……因此，云冈石窟就在东方早期石窟中占有极重要的地位，对它的研究在很大程度上成了研究东方早期石窟的关键，对它研究的深入与否，直接影响一大批石窟的研究工作。"[①] 长期以来，认识——解读——研究云冈石窟，形成佛教考古的"哥德巴赫猜想"，许多学者为此投入毕生精力。

① 《平城实力的集聚和"云冈模式"的形成与发展》，云冈石窟文物保管所《中国石窟·云冈石窟（一）》，北京：文物出版社，1991年，第176—197页。（后收入《中国石窟寺研究》）

二十一世纪起，云冈石窟研究院形成以张焯为带头人的研究团队，平时各有自己的研究方向，有课题汇聚攻关，在学术界非常活跃，产生《云冈石窟编年史》《云冈石窟辞典》《云冈石窟佛教故事雕刻艺术》《云冈石窟供养人调查与研究》等专著和一大批很有影响的论文，提出许多新证据和新见解，夯实编写《全集》的基础。如此活力四射、激情澎湃的研究团队，放眼当今，似乎并不多见。从2013年3月至今年6月，该团队全身心投入《全集》的编撰，每人负责几个石窟的编写，历时6年多，遍览中外研究成果，经历艰苦卓绝的查寻收集、对比辨析、核对归纳、敲定格式、统一名称、整理撰写、拍照绘图等科研环节，数易其稿，终于完成《全集》这本皇皇巨著。

《全集》将云冈洞窟全部收纳，依洞窟次序展开，依照洞窟内涵，或一个洞窟一卷，或几个洞窟一卷。各卷开篇是一篇《释论》，《释论》内，作者论述了本卷所收洞窟的布局和特点，也探讨分析了该石窟引发的学术问题。读者读过《释论》，便会掌握该洞窟的布局、特征以及与其他洞窟的联系。《释论》与附属图片后的图版说明，虽然文字量不大，却代表着云冈石窟研究的学术高度。如在第11窟（第九卷）释论中，作者对云冈石窟所有中心塔柱做了排比对照，将石窟群中主要中心塔柱洞窟中的塔柱以全比例形式展示出来，不仅搞清楚方形塔柱由外来样式逐渐演变为中国样式的融合轨迹，亦可洞察各座塔柱乃至所在洞窟的早晚排序。

《全集》的亮点之一是配置了七千余幅清晰照片。照片与制图是《全集》的重要组成部分，据编者说，为保证学术性第一和信息完整，拍摄原则是从整体到细节，既要表现系统的洞窟结构和所有壁龛内容，包括风化失形的部分，又要突出经典造像艺术效果，兼顾装饰纹样的采集表达。摄影师张海雁、员新华参与全程工作，照片从拍摄到选择，都是反复考量，精益求精。

《全集》中云冈石窟实测线描图比较突出，这是采用了三维激光扫描测绘技术制作的成果。三维激光扫描测绘技术首次准确地记录了石窟群立面的具体尺寸、洞窟布局及其相互关系，在此基础上绘制的云冈石窟实测线描图，弥补了云冈石窟长久以来没有全景正射实测线描图的缺憾。2014 年，云冈石窟研究院成立数字化中心，并且与北京建筑大学、浙江大学等单位展开合作，采用三维激光扫描与多图像三维重建技术，陆续对云冈第 1 至 5 窟、第 9 至 13 窟、第 18 窟、第 20 窟、第 38 窟、第 39 窟等进行了数据采集，为本书的编写提供强有力的支撑。

为获得石窟造像全部信息，云冈研究院专门制作了“云冈石窟编号洞窟现存佛教造像数量统计表”，组织实地调查，准确统计出云冈石窟现存各类佛教造像为 59265 尊（身）。通过大量细致扎实的工作，再加上好时代、好领导、好团队几大因素，编撰《全集》的条件业已成熟。

《全集》前19卷展现石窟群的所有雕刻，第20卷是考古部分，概述以往日本学者的考古调查和新中国成立以来云冈多次考古发掘的新收获，如新中国成立后的窟前遗址发掘和山顶遗址发掘，发现了窟前密集柱础、山顶塔基、寺院和辽金铸造遗址，印证了《水经注》描写云冈石窟“山堂水殿，烟寺相望”的布局和雄浑气象。

阅读该书，有个很突出的特点，与《云冈石窟全集》书名一致，就是“大而全”。《全集》所收图片，不单单数量庞大，将云冈大小石窟资料尽数囊括，远超以前诸版本，而且石窟内部许多细节，形态各异的佛像、菩萨、供养人、建筑、纹饰、乐舞、服饰、壁画、题记、动植物等，应有尽有，等于把云冈石窟信息全部储存，汇集于本书，传于后人。

《全集》兼顾了学术性、艺术性和资料性，价值显而易见，粗浅归纳，至少有如下几个方面；

一、汇编资料，《全集》将大小石窟资料全部收入，保存了云冈石窟的完整图像资料，这是文化传承的基本工作，也是最重要工作。在此之前，历经一千五百年风吹雨打，石窟雕刻丧失不少，徜徉于石窟之间，到处是斑驳遗痕，宏丽的石窟内外，许多雕刻悄然消失，石窟旧貌，再难恢复。痛惜之余，云冈人组建石质文物保护机构，竭尽全力保护现状，杜绝损害，留传后世。而《全集》就是一种恰当的传承方式，既有继承，也有传递。传承文化遗产，对子孙后代负责，是云冈人义不容辞的历史使命。

二、总结提升，《全集》是学界百年来对云冈石窟研究的总结，云冈研究至今走过百余年路程，发表的论文和著作数以百计，认识、观点各有不同，《全集》在充分体现云冈丰富内涵的基础上，还凝聚了迄今为止学界对云冈石窟的研究精华。择优汰劣，云冈研究的中外优秀成果，都在本书体现。云冈学人还根据自己多年的研究，提出许多新的观点和解读，比如，云冈早期昙曜五窟的主题思想是十方三世一切诸佛，而非单纯的三世佛；针对云冈中期洞窟开凿的宫殿化倾向及其弥勒主像特征，探讨了北魏的弥勒崇拜和影响；通过洞窟常见中心塔柱的比较，搞清楚方形塔柱由外来样式逐渐演变为中国样式的融合轨迹，同时为洞窟的排队分期找到新的证据。此外对双洞窟形制、源流的探讨，对云冈石窟佛教雕塑与佛经关系的探讨，均突破前人研究，具有很大意义。

三、引领开拓，学术价值是该书的灵魂，正如《全集》主编《后记》所说“系统性、全面性，是本书的编纂原则；学术性、创新性，则是主要目标”。该书问世，以资料更丰富、图片更清晰完备，后来居上，傲立学界，与60年前水野清一、长广敏雄编撰的《云冈石窟：西历五世纪における中国北部佛教窟院の考古学的调查报告》互补并行，代表了新中国成立以来云冈学的最高水平，成为云冈石窟研究的里程碑式鸿篇巨制，标志着云冈学登上新的学术平台。全书既没有厚今薄古，也没有慕古薄今，采用多种方式和新技术，将北魏遗迹全貌、一千五百年的兴衰演变，历朝历代的增补、损毁、修葺，云冈学者的最新观点等，忠实记录在册，必将成为云冈研究的必备书，引领后来学者向云冈学纵深开拓。

一花一世界，一树一菩提，再次披览全集，字里图间，洋溢着云冈人凝心聚力、笃志进取的高尚情怀。云冈学不是学术孤岛，与敦煌学以及散布各地的佛教石窟有着千丝万缕的联系，石窟研究方兴未艾，石窟保护任重道远，期待云冈学人继续砥砺前行，放飞梦想，再攀高峰。

精美的石头会说话

——评《河东百通名碑赏析》

山西是中华文明的发祥地之一，在这方热土上，至今留存着难以计数和难以估价的古代文化遗址、遗物与遗迹，因此在全国当之无愧享有“文物大省”之称。近年来，山西许多关爱文物的仁人志士加入到了保护文物的活动之中，越来越多的文物得以挽救、保存或整理出版。二十世纪九十年代末，《三晋石刻总目·运城地区卷》的出版，就是这一社会活动的成果之一。《三晋石刻总目·运城地区卷》将这一地区的碑文概而收之，是我省最早出版的地区石刻总目，在感叹这是一本好书的同时，也惜之过简。近来朋友赠我一本新书，初见即双目一亮，书名乃《河东百通名碑赏析》。这本书是王大高先生策划主编的，是在运城名碑展览的基础上，精选历代名碑全文点校出版，形式内容俱新，令读者大饱眼福，又附有一些重要碑帖的照片，使研究者也可一睹庐山真面目。运城地区古称河东，是山右乃至黄河文化的集萃之地。据传说，尧、舜、禹三位圣君均生活在这里，自古有着尧都平阳、舜都蒲坂、禹都安邑的传说。三代以降，河东地区仍为全国中心地区之一，春秋五霸，晋国为首，独步黄河、雄视天下；战国七雄，晋占其三，法家变革，始源于斯。之后也是名人辈出，文人荟萃，数不胜数。历代石刻，更是名冠山右，素有“三晋碑乡”之称。清人叶昌炽在《语石》中言曰“大抵晋碑皆萃于蒲、绛、泽、潞四属”。《河东百通名碑赏析》可贵之处在于策划者选碑志时有独到的眼光和观点，通览全书，贯穿其书的选编思想有，一是继承优秀传统文化，二是有益于风俗教化，三是有助于治世理政。单就书名看，此类书已有不少，但仔细比较立意，高下立判。一般来讲，这类书收碑，多是嫌近爱古，曾见一书，名为古代金石，实只收元以前之碑碣，治元、明、清史者，开卷愕然。而本书既不厚今薄古，也不慕古薄今；既重视内容的价值，也重视书法之特点。如收录的几通清光绪年间灾荒碑，记述了当时大旱的具体惨况，读之触目惊心，历历在目，其资料价值绝不逊于唐碑，其警示作用它碑难以相匹。在编辑方法上，收录本书的百通碑不仅被点校，而且其中的代表作还附有通碑图片，碑后还有简明的注释和解析文字，全书反映出治学态度严谨，做到了深入浅出，雅俗共赏。这本书的作者独具创意地将碑文分类编辑，就类别而言，有“珍品篇”“德政篇”“教育篇”“义行篇”“箴铭篇”“农水篇”“灾情篇”“乡约篇”“诗咏篇”“题名篇”，既收录了古代已闻名遐迩的碑刻，如《碧落碑》，又别有深意，收录一些名气不大、却极益于当世和警示作用的碑志。正谓寓教于编，用心良苦。就资料而言，这些碑文是弥足珍贵的地上文物和史料，也是古代社会生活画卷的缩影，反映了汉以来的政治、文化、农业和灾荒等社会生活各个方面，是研究者极宝贵的资料。不仅如此，这些名碑还是极具欣赏价值的美学书法作品。《河东百通名碑赏析》中搜录的如第一通碑文《建宁残碑》，不仅改写了历代金石学家“山右无汉碑”的结论，而且得到当代著名书画家董寿平先生的高度赞誉。董先生赞曰：“此建宁残石，虽寥寥数十字，其用笔结构使转波磔处均体现出东汉末期我国书法向晋代过渡的痕迹，与西晋三体石经极为相近。按我国书法，惟独这一历史时期的书法流传至今者甚少。故此刻字数虽少，而独具填补空白之价值。”第二通碑文《密云太守霍扬碑》更被誉为“本省魏碑之冠”。古人立碑，均为某一目的而立。因而，每一通碑文，立意明确，叙事翔实，数据详细。与正史相比，碑文描述细腻，反映的是民间的众生相和普通人的情感、规范、观念、认识和基层的社会生活，毫无官方的粉饰和隐晦之忌，更具可信度。这些碑文，集立意、纪实、美学、警戒、昭示、名言于一体，已超出了“赏析”的范围。于休闲者而言，是一部陶冶情操的可读之书；于研究者而言，是一部珍贵的资料，成为我省独特的石刻文化的一部分。读此书时，叹我三晋，既有众多有价值之石碑，又有许多其他文物古迹，三晋文化不发扬光大，实是我辈无能。好在有远见者已经认识到这点，开始利用三晋丰富悠久的历史文化资源，迈开了打造文化强省的步伐。品味此书的同时，冒出一个愿望：真希望我三晋其他地区亦能如此。若此，则我三晋石碑幸甚，三晋古人幸甚，三晋当今人民幸甚。若此，必将集中与展示三晋一批罕见史料，推动三晋之学术昌盛发展。

本文原载《山西日报》，2010 年 8 月 28 日

墓志价值趣谈

山西省艺术博物馆原为纯阳宫，是著名道教宫观，也是国家文保单位。我上小学时，由于学校距离纯阳宫近，一条直道，千米左右路程，与同学常来游玩，这里太湖石砌起的小山，山上可以藏人的小洞，颜色剥落的牌坊楼阁、石像碑刻，铜铸关公骑马提刀大像，是我最初接触的古建文物。尽管那时年少无知，不懂文物，但是50多年过去了，那些使我爱上文物的童时记忆，依然那么清晰。

时过境迁，纯阳宫数次易名，曾改名博物馆二部，又改名为山西省艺术博物馆。特点是，珍藏着许多珍贵石刻，有汉代画像石，北朝—唐代佛教道教造像、造像碑、墓志碑刻，这些石刻藏身幽静院落，好像藏书楼中稀缺的善本书，供文人雅士和研究者赏读。

历代墓志是该馆一大特色和看点，墓志价值历来为学界所重，它的信息包罗万象，与地方志、正史记载、历代文集互相参证，不仅可以证史补史，而且成为推进中古史研究的新资料。中国的文化史、政治史、中外交通史研究，都离不开墓志，何况兼有书法艺术价值。每逢新墓志出土，学人争欲一睹为快，足以说明它在学界受宠的程度。毫不夸张地说，墓志是与甲骨文、金文、简帛、出土文书地位并列的中国古代五种出土文献之一，随着时间推移，它的重要性将日益彰显。

该馆藏墓志从北朝已降，几乎历代都有，著名的有东魏《魏故使持节侍中骠骑大将军太保太尉公录尚书事都督冀定瀛殷并凉汾晋建郏肆十一州诸军事冀州刺史郏肆二州大中正第一酋长敷城县开国公刘君墓志铭》《齐故定州刺史太尉公库狄顺阳王墓铭》《齐故库狄氏武始郡君斛律夫人墓志铭》《齐故特进韩公（裔）之墓志》《唐故女道士前永穆观主能师铭志》《大晋故鸡田府部落长史何公墓志铭》等。

我对其中两方倍感亲切。第一方墓志即《魏故使持节侍中骠骑大将军太保太尉公录尚书事都督冀定瀛殷并凉汾晋建郏肆十一州诸军事冀州刺史郏肆二州大中正第一酋长敷城县开国公刘君墓志铭》，相传清道光年间出土于忻州九原岗，志主刘懿，字贵珍，即《北史》《北齐书》里记载的刘贵。他是“秀容阳曲人也”，也是北齐神武帝高欢的布衣之旧，年轻时的挚友。《北史·齐本纪上》记载：高欢志向高远，未发达时“与怀朔省事云中司马子如及秀容人刘贵、中山人贾显智为奔走之友。怀朔户曹史孙腾、外兵史侯景亦相友结”。他们常聚一起射猎饮酒、议论时弊。先后从军，成为执掌一方的高官。高欢打出反对尔朱荣的旗帜后，刘贵立刻弃掉高官，投奔高欢。高欢执掌朝政后，与他结为儿女亲家，特见亲重，成为高欢心腹嫡系。墓志载：他于东魏“兴和元年十一月辛亥朔十七日丁卯薨于邺都”，“粤以二年岁在庚申正月庚戌朔廿四日癸酉葬于肆卢乡孝义里”。史载高洋受禅登基建立北齐后，特地下诏派人到他墓前禀告。近年在忻州九原岗发掘的大型北朝壁画墓，严重被盗，不见墓志，其时代正是东魏或北齐，地点时间比较吻合，疑与刘懿有很大关系。清代刘懿墓志出土不久，受到国内书法界热捧，墓志拓本，争相购买。民国时，祁县人开书店，看到有利可图，精心翻刻一块，制作帖片，广为流传。近年见于各种拍卖会上的线装旧帖，名曰“初拓本”或“清代初拓本”，实际上是两种版本，需要甄别细查。中华人民共和国成立，两块墓志俱被省博物馆收购，已有学者研究该碑并发表论文。

第二方墓志即《大晋故鸡田府部落长史何公墓志铭》，据说该墓志出土于太原北部，然经过“文革”，资料丧失，出土的时间、确切地点以及随葬品均无人能说清楚，丧失许多信息，令人万分遗憾。该墓志的价值是与入华粟特人有密切关系，早在二十世纪八十年代，曾有学者在《山西文物》上介绍过此墓志，可惜失之简约，借此机会，笔者又再次核对标点了该墓志。今将志文核录如下：

大晋故鸡田府部落长史何公志铭并序

《易》曰：知生而不知死，德而不丧；知存不亡名其雄，圣人乎？由是知荣禄有杖之期，生死而无究竟之路。则知寿有短长，荣无久固也。

公讳群政，家本大同人也。公主领部落，抚弱遏强，矜贫恤寡，家崇文武，世袭冠裳。传孝悌之风仪，绍恭俭之礼让。分枝引流，不可究源，皆继簪缨，拖金拽紫，尽为候伯，各有功勋。公不幸忽染时疾，药疗无医，去长兴三年（后唐长兴三年，公元932年）十二月一日，于代州横水镇终于天命。

夫人安氏，星姿降瑞，月彩呈祥，行美芝兰，德彰闺壶，忽以身萦疾□，药疗无征，须臾莫返香魂，倏忽而俄辞白日，以天祐年四月十九□在京宅内。有男五人。

弟二随驾兵马使充左突骑十将，天祐年十二月廿四日从庄宗帝于河南胡柳陂为国战效身殁，敬周。弟三随驾兵马使充左突骑副将，敬千，同光年四月廿三日身殁封坟，殡在庚穴。

长男北京押衙充火山军使、银青光禄大夫、检校工部尚书兼御史大夫、上柱国，敬文。次随驾右备征军指挥使，银青光禄大夫、检校右仆射兼御史大夫、上柱国，敬万。次随驾左护圣弟（第）一军副兵马使、银青光禄大夫、检校工部尚书兼御史大夫、上柱国，敬超。

新妇三人，长安氏、次康氏、次康氏。孙男九人，从荣、重进、小哥、韩十九、憨哥、小厮儿、小猪、小憨、王七。新妇宗氏，重孙兜儿。

长男敬万等，俱以义烈门风，孝传井邑。以年匪顺，灵圹不迁。今就吉辰，方茔宅穸。即以天福四年（939）十一月十七日葬于阳曲县连师乡相辅村□。圣地迁合，并置新茔平源，礼也。

其铭曰：□有奇仁，迥摽风格。名重珪璋，智匡郡邑。一任长史，累□荣禄。尽喜来珠，咸□大兽。安氏夫人，星姿降质。疾构繐帏，身终兰室。贤男贤女，有□□□。晨昏□问，冬夏温清。卜其宅地兮广茔藏事，乌兔助坟兮旌其孝志，刊勒贞珉兮树德遗芳，地久天长兮百千万祀。

墓志涉及入华粟特人，有几处需要诠释，方可了解粟特人在山西的活动。首句“大晋故鸡田府部落长史何公志铭并序”，可知墓主姓何，官居五代鸡田府部落长史。墓主任职的古鸡田府，史书不载，但史书记载有鸡田州，《旧唐书·地理一·关内道》：“鸡田州，寄在回乐县界，突厥九姓部落所处。” 鸡田州旧址当在今宁夏灵武市境内，《唐会要》七三《灵州都督府》也载：“开元元年，复以九姓部落置皋兰、燕然、燕山、鸡田、（奚）〔鸡〕鹿、烛龙等六州，并属灵州。”《旧唐书·李光进传》载：“李光进，本河曲部落稽阿跌之族也。父良臣，袭鸡田州刺史，隶朔方军。”无独有偶，李光进父亲墓志也被发现，《山右石刻丛编》卷七收有《唐故开府仪同三司鸡田州刺史中丞赠太保李公墓碑》，可与此墓志对应。可见鸡田府当为鸡田州府名称，史载其地乃“突厥九姓部落所处”。此处所言“突厥九姓”，实际上为昭武九姓，亦称“九姓胡”。蔡泓生教授曾做《唐代九姓胡与突厥文化》，指出九姓胡来源于昭武九姓。何群政担任鸡田府部落长史，说明鸡田府中，有相当数量的粟特人。此句有一点模糊的是，称墓主何群政为“大晋故鸡田府部落长史”，不知是何用意。实际上，他是逝世于后唐。后晋天福年，是正式下葬的时间。准确地说，这句应当是“后唐故鸡田府部落长史”，但墓志记载他是“大晋故鸡田府部落长史”，只有两个可能，一是后晋对他另有追赏，二是他的儿子仍在后晋为官，故意写错。

志文记述了墓主人身世、家庭、后代诸事，大致分六部分，有些详细，有些隐晦，需要解读阐释。

志文第一部分源于《周易·乾卦》，原文为：“亢之为言也，知进而不知退，知存而不知亡，知得而不知丧。其唯圣人乎？知进退存亡，而不失其正者，其为圣人乎？”又通过“寿有短长，荣无久固”之意说明生死乃自然规律。

志文第二部分为正文，扼要介绍了墓主何群政的身世经历和逝世时间。他曾任鸡田州长史，带领过部落，卒于后唐长兴三年（932）十二月一日。所谓后唐，乃五代第二个朝代，为李克用之子李存勖建立。需要说明的是，志文介绍墓主姓名后，又介绍他“本大同人也”。这里显然与史实有出入，他不仅不是大同人，而且在大同时间不长，应是暂住。墓志提及大同，透露出墓主部落离开鸡田州进入山西后，曾在大同滞留一段时期。就墓志上下文看，墓主当是何国人，来自西域的何国。何国是西域小国，昭武九姓之一，《隋书·西域传·何国》载：“何国，都那密水南数里，旧是康居之地也。其王姓昭武，亦康国王之族类，字敦。都城方二里。胜兵千人。其王坐金羊座。东去曹国百五十里，西去小安国三百里，东去瓜州六千七百五十里。大业中，遣使贡方物。”何国人进入并州的历史大概就在隋代，唐初在晋阳去世的粟特人龙润，其夫人就是来自何国 。唐代，更多何国人进入大唐，有的举家搬迁，墓主家庭就是其中之一。

志文第三部分介绍何群政夫人安氏，称赞她“星姿降瑞，月彩呈祥，行美芝兰，德彰闺壶”。但是由于疾病缠身，卒于“天祐年四月十九日”。天佑乃唐昭宗李晔开始使用的年号，天祐元年八月唐哀帝李柷即位沿用，共四年，即公元 904 年至 907 年。安氏究竟逝世于哪一年，志文没载，估计是在天祐四年后，天祐四年，朱温篡唐，建立后梁，但李克用父子拒绝朱梁年号，仍沿袭唐代年号，所以墓志仅记载天祐年，具体为何年，已不可考。《资治通鉴》卷二百六十六《后梁纪一·太祖开平元年条》记载，朱温篡唐后，“是时惟河东、凤翔、淮南称‘天祐’，西川称‘天复’年号，余皆禀梁正朔，称臣奉贡”。胡三省注释曰：“天复四年，梁王劫唐昭宗迁洛，改元曰天祐。河东、西川谓劫天子迁都者梁也，天祐非唐号，不可称，乃称天复五年。是岁梁灭唐，河东称天祐四年，西川仍称天复。”该注释很重要，指出了五代时期年号混乱的原因。

志文没提夫人安氏的国籍，但显然来自安国，安国也是昭武九姓之一。《隋书·西域传》载：“安国，汉时安息国也。王姓昭武氏，与康国王同族，字设力登。妻，康国王女也。都在那密水南，城有五重，环以流水。宫殿皆为平头。王坐金驼座，高七八尺。每听政，与妻相对，大臣三人评理国事。风俗同于康国。”粟特人之间互相通婚的例子很多，何群政与安氏仅是其中一例。

该段最后一句“有男五人”是说，安氏在世时，曾生育五子。

志文第四部分是介绍何群政的五个儿子、儿媳和孙子、重孙等人，这部分需要解释．“弟二”，实为二弟。同理，下文的“弟三”为三弟。志文载二弟何敬周官职为随驾兵马使充左突骑十将，在天祐年十二月廿四日，从庄宗帝于河南胡柳陂，为国战效身殁。

庄宗帝即后唐建立者李存勖，志文中的“河南胡柳陂”，位于河南濮阳之南，军事位置很重要。胡柳陂之役，是古代著名战役。尽管志文缺载具体年份，但是在史书中，对该战役时间、地点、人物、过程、结果都有明确记载。《新五代史》卷五《唐本纪第五庄宗下》记载，天祐十五年（918）“十二月，进军临濮，梁军追之，战于胡柳，晋军大败，周德威死之。梁军暮休于土山，晋军复击，大败之，遂军德胜，为夹寨”。晋军先败后胜。《旧五代史》卷九《梁书九·末帝本纪中》也记载：“十二月庚子朔，晋王领军迫行台寨，距寨十里结营而止。……癸亥，北面招讨使贺瑰率大军与晋人战于胡柳陂，晋人败绩。是日既晡，复为晋人所败。初，晋人起军将袭东京，乃下令军中老弱悉归于鄴。是月二十二日，晋王次临濮，贺瑰、王彦章自行台寨率军蹑之。二十四日，至胡柳陂，晋王领军出战，瑰军已成列，晋王以骑突之，王彦章一军先败，彦章走濮阳。晋人辎重在阵西，瑰领军薄之，晋人大奔，自相蹈籍，死者不可胜纪，晋大将周德威殁于阵。瑰军乃登土山，列阵于山之下，晋王复领兵来战，瑰军遂败。翌日，晋人攻濮阳，陷之，京师戒严。”

《旧五代史》卷三〇《唐书六·庄宗本纪第四》也载：“十二月戊寅，诏德胜寨、莘县、杨刘口、通津镇、胡柳陂皆战阵之所，宜令逐处差人收掩战士骸骨，量备祭奠，以慰劳魂。”就在这次战役中，何敬周阵亡。他官至“随驾兵马使充左突骑十将”，这是五代沿袭唐代的军职。

志文又说三弟何敬千官职为随驾兵马使充左突骑副将，同光年四月廿三日身殁，殡在庚穴。同光年即五代后唐李存勖同光年号（923）。可见在何群政去世前，夫人和二子、三子陆续去世。

其后又介绍了在世的三个儿子，长子何敬文、四子何敬万、五子何敬超，均为将领。

值得重视的是，他有子五人，但介绍的儿媳只有三人，即“新妇三人，长安氏、次康氏、次康氏”，似乎仅介绍了在世三子的媳妇。需要注意，三个儿媳也都是来自粟特地区，“安氏”出自安国，与夫人相同，前文已经谈及，不需赘述。“康氏”明显是来自康国。《隋书·西域传·康国》载：“康国者，康居之后也。迁徙无常，不恒故地，然自汉以来相承不绝。其王本姓温，月氏人也。旧居祁连山北昭武城，因被匈奴所破，西逾葱岭，遂有其国。支庶各分王，故康国左右诸国并以昭武为姓，示不忘本也。王字代失毕，为人宽厚，甚得众心。其妻突厥达度可汗女也。都于萨宝水上阿禄迪城。城多众居。大臣三人共掌国事。其王索发，冠七宝金花，衣绫罗锦绣白叠。其妻有髻，幪以皂巾。丈夫翦发锦袍。名为强国，而西域诸国多归之。米国、史国、曹国、何国、安国、小安国、那色波国、乌那曷国、穆国皆归附之。”在昭武九姓诸国中，康国是一个大国，也是昭武九姓的核心国家。

从三个儿媳的国籍考察，都没出昭武九姓范围，间接表明三个问题：一是昭武九姓通婚现象很普遍；二是昭武九姓国人即使远离家乡，来往也很密切；三是何群政和夫人为昭武九姓之间的通婚，到他儿子辈，还是昭武九姓之间的通婚。通过墓主人两代人的婚姻情况，至少反映出，直到第二代，晋阳的入华粟特人依旧是内部通婚，反映出还没有与汉民族联姻结亲。

志文第五部分记述何群政与夫人安氏合葬之事。由志文显示的“以年匪顺，灵圹不迁。今就吉辰，方茔宅穸。即以天福四年十一月十七日葬于阳曲县连师乡相辅村□”。反映了五代天下不太平，行居难安的乱世情况，因此感叹“以年匪顺，灵圹不迁”。其后，志文记载了两人合葬的时间和准确地点。由土葬和采用墓志等因素推究，至少没有完全采用粟特葬俗。

志文第六部分是墓志铭，即归纳志文，加以颂扬。何家是一个典型个案，普通一块墓志，反映了入华四代人的多方面情况，如此有价值的墓志真不多见。最有价值的内容是五个儿子都参加军队，内部通婚，死后合葬等。有的与沙陀军有关，有的与婚姻有关，有的与民俗信仰有关。

唐末五代，并州活跃着大批沙陀人，称为沙陀军。沙陀人原属西突厥十姓部落，许多粟特人附属沙陀，入华后也混称沙陀。陈寅恪于《论唐代之番将与府兵》一文考证指出，从唐到五代，都有不少粟特人担任将领 。何家父子俱为沙陀族军事集团成员，何群政的几个儿子都任沙陀政权将领，初效力于沙陀人李克用（李克用的墓在山西代县，出土有墓志）、李存勖的后唐政权，后为石敬瑭的后晋政权服务，可见粟特人与沙陀族人关系非常密切。另外，该墓志叙述后梁时的事情，不承认后梁年号，一直沿用唐朝年号。但到了后唐、后晋时，却用上后唐后晋年号，可见他还是忠于沙陀政权。当时活跃在并州的沙陀人和粟特人数量惊人，估计达数万人，皆有丝绸之路的背景。

受命作序，不便展开叙述，就此打住。读者如有兴趣，可以自研志文，书内数十方历代墓志所载姓氏、经历、世系、故事皆不相同，每方墓志都有史书漏载的辛闻秘事，如能潜心其中，探赜索隐，钩深致远，就能发现史书缺载的社会文化内容，这就是本书辑录墓志的价值所在。

以上杂文，谨以代序。

本文原载《山西省艺术博物馆馆藏碑志集萃》，山西经济出版社，2016年

寺观彩塑杂谈

龙年正月，接到张斌宏电话，说他已完成《长治观音堂》一书，嘱我为序。斌宏找我写序，当缘起多年前一次晤谈。那次，我陪牛津大学副校长罗森在山西考察，去观音堂参观，进入殿内，立刻被满殿多姿多彩的塑像吸引。彩塑大小不等，以佛教故事人物为主，还有许多道教、儒教人物。个个造型精美，栩栩如生。面对精美绝伦的古代艺术品，罗森教授赞不绝口，不知不觉，参观超过预定时间。出来后，得知没有配套的文字资料，我建议斌宏写本通俗读物，介绍这批彩塑，以便观众了解观音堂彩塑艺术及其背景文化。倏忽数年过去，没听到任何消息，以为斌宏事务忙，经费匮乏，无法潜心去做。日子一久，我渐渐淡忘此事。没想到斌宏不紧不慢、日积月累，把它编写出版，终成正果。可见他是一个讷言敏行、恪尽职守的文物工作者。因此对于他的嘱托，我是打心底里高兴，尽管力有不逮，还是欣然应允。

长治观音堂是明代万历年间建筑，规模不大，布局精巧。坐东向西，两进院落，有山门（戏楼）、天王殿、香亭、观音殿和钟鼓楼、南北配殿。寺内古柏高耸入云，殿内珍藏彩塑 500 余尊，大的高约 2 米，小的仅数厘米，大者为圆塑，小者为悬塑。无论大小，都是美轮美奂，令观者意出望外。

翻阅书稿，图文并茂，雅俗共赏。文内着重介绍彩塑，详细介绍了佛、道、儒人物的身份、典故、源流、组合，顺便对塑像的位置、布局和材质、工艺等，作了简单介绍，力求通俗性、艺术性与学术性相结合，为读者全面了解观音堂彩塑提供了历史知识，增添了审美情趣。尽管文字朴实无华，字里行间，却流露出作者对观音堂的深厚情感、辛劳奉献，以及严谨负责的工作态度。

观音堂是一座佛、道、儒三教合一的寺庙。佛、道、儒三家，由三教鼎立到三教同源，再到三教合一，经历了唐宋元漫长的路程，是唐宋以降民众信仰演化的结晶。到了明代，三教合一的思潮被社会各界广泛接受。与之思潮相适应，全国先后出现三教合一的寺庙，典型实例如长治观音堂、浑源悬空寺和大足石刻等。

雕塑具有鲜明的时代特点和风格，也具有独特的艺术魅力，是古代文明和民族性的生动体现。不同时代的雕塑群，展现了各时段的艺术需求和走向，反映了古代雕塑的源流及其演变。

人称山西是古代雕塑博物馆，的确名副其实，据初步估计，全省现存古代雕塑约10万尊以上。仅云冈石窟，就有各种佛像51000多尊。此外在平城至洛阳、邺城一线，晋阳至洛阳、邺城、长安的交通要道附近，尚存400处左右的石窟或摩崖造像。大者包涵数百上千尊雕塑，小者也达数十。山西诸寺观中，还保存唐以来的彩塑12712尊，其中，明清两朝的彩塑计有11630尊。这些雕塑或者彩塑，大致分为人物、植物、动物、建筑、自然景象几类。

山西各时代都有精美雕塑，北朝以云冈石窟的为代表；隋唐以太原天龙山石窟、佛光寺东大殿、南禅寺的为代表；宋金以太原晋祠、长子法兴寺、崇庆寺、晋城二仙庙的为代表；辽金以大同华严寺、定襄洪福寺为代表；元代以晋城玉皇庙、洪洞广胜寺下寺大殿及水神庙等处塑像为代表；明代以平遥双林寺、长治观音堂和隰县“小西天”诸彩塑为代表。上述寺观的各种塑像，均为独一无二的艺术精品，自然也是断代鉴定的标准。

观音堂出现于长治市，并非偶然。雄奇迤逦的太行、太岳山川灵秀，上党人杰地灵，历史文化悠久，文物古迹丰富，特别是古建筑及其附属雕塑壁画等，在全省乃至全国都是独占鳌头。一个基本事实是：中国宋元以前的古代木结构建筑，百分之七十在山西，而在山西，又是百分之七十在晋东南。虽然这里屡经战火和各种劫难，还是幸存下来许多古建筑和彩塑壁画。这些历史遗产，成为上党大地世代相传的“中华老字号品牌”，向人们叙述着往日的辉煌和荣耀。一方水土育一方文化，即使是地下出土的雕塑，长治的也极有特色，比如唐代胡人骆驼俑，各地都有，惟独长治的艺术夸张力达到极限，令人叫绝，与他处的迥然不群。巡视世界各大博物馆藏展的唐代骆驼，最吸引人眼球的，绝大多数出自长治唐墓。不知什么原因，长治唐代，聚集了一大批天才雕塑家。

我喜欢古代雕塑，一是它本身具有的无穷魅力；二是专业需要，希冀熟悉各时代塑像特点；三是想从时空两方面比较，如拿寺观雕塑和墓葬出土俑对比，考察诸朝代人对地上艺术和地下艺术的态度、工艺、风格是否一致？更想了解，从事寺观雕塑的艺术家，是否也从事墓葬雕塑作品？种种想法，幼稚可笑，难以示人，言归正传。

保护传承是当今最热的话题。众所周知，古代彩塑从不同时代走来，携带着多重历史记忆，是人类共有的文化遗产，也是我们继承和汲取古代文明的不尽源泉，弥足珍贵。然而毋庸讳言，在贫穷和愚昧时期，天灾人祸，导致它遭到社会的冷落和遗忘，没有得到应有的呵护。

在发掘文化资源、建设文化强省的今天，文化遗产的整理尤其有必要先行一步。古代也是如此，凡逢盛世，文化必昌。文化是比经济更宏大的工程，欲兴文化，须摆出写大文章的架势，确定题目，收集材料，稳打稳扎，“博观而约取，厚积而薄发”，切忌做“急就篇”或好大喜功、只争朝夕。就彩塑而言，急需弥补保护方面的不足，编号测量，按质分级，建立档案。然后制订保护方案，实施保护并展开研究，将成果整理出版，最终达到面向大众、回报社会、全民参与的文保新境界。全民主动参与保护的境界，是我们追求的最高境界，也是合理利用，传承后代的保证。可喜的是，各级文物局开始朝着这个方向努力，长治观音堂业已迈开步伐，作为一个文物老兵，我谨以这篇小文祝愿并为序。

本文原载《长治观音堂》，文物出版社，2012 年

金石为开

山西是文物大省，金石遗存数以万计，居全国前列，早在清代，已有《山右金石录》《山右金石记》《山右石刻丛编》诸书问世。在各地，还陆续出过《定襄金石志》《浑源出土古物图说》《河东道属碑目》《阳城金石记》等，这些著作，均是先打拓片，然后编著，流传于世。

金石传拓源远流长，山西名碑较多，历代传拓者络绎不绝。如北魏《密云太守霍杨之碑》、东魏《刘懿（刘贵）墓志》、北周《谯郡太守曹恪墓碑》、隋代《栖岩寺舍利塔碑》、唐代《碧落碑》、唐太宗《晋祠铭》等，因字体精美，颇得书法界盛赞，被国内外金石爱好者珍惜收藏。清代和民国期间，甚至有人专门拓制名碑拓片，装订成册，兜售赢利。1979 年，国家文物局公布的国家第一批书法艺术名碑，三晋名碑全列榜内。值得一提的是，近几十年来，我省新出土大批碑刻墓志。仅北魏到唐五代的就达到

1500 余通（方），特别是灵丘县发现的北魏文成帝《南巡碑》，历史价值、书法艺术无与伦比，名播海内外，为我省名碑再添异彩。

因为工作关系，我结识不少本省拓工，其中不乏高手。他们走乡串村，翻山越岭，寻访碑志，为《三晋石刻大全》巨著做出卓越贡献。

我和姚强相识，也是缘由金石传拓。听朋友介绍，他痴迷金石传拓，凡有机会拓制碑志或造像碑，必定亲自上手。每逢双休日，则琢磨传拓，星期日晚，会将两天收获上传微信。作为国家干部，却和学者一样，自甘寂寞，以苦为乐，无形中拉近我与他的距离。

从此以后，我开始留意他的微信，久而久之，知道他不仅擅长金石传拓，而且热衷于书法和古文字。突然有一次，在微信上看到他的一件青铜编钟全形拓作品，真是喜出望外。我原来一直遗憾，我省拓工多为扑拓和擦拓，鲜见全形拓，没想到他竟然会。如果说，扑拓和擦拓是一门技能，全形拓就上升为艺术了，其复杂程序远非普通平面拓可比，艺术效果也有天壤之别。全形拓创始于清代的马起凤和六舟上人，后人用墨或浓或淡，逐渐发展为重墨与淡墨两途。六舟作品多为淡墨，个别拓家喜用重墨，各有风采。姚强走的是淡墨路子，继承了六舟上人的风格。

传拓兴起于唐代，乃是中国的国粹，至清代达到巅峰，出现多种“文人拓”，即据青铜器或玉石拓印后，再配上题跋，甚至搭配诗词绘画，普通拓片好似有了“灵魂”，蜕变为一种崭新的艺术品。犹如国画，既可装框，亦能挂轴，别有一番风味，著名作品如六舟上人的《剔灯图》《百岁图》等。

姚强拓制的作品，属于典型的“文人拓”，他的作品上，往往附有他写的题跋，予以说明及考释。我喜欢附有简单考证的跋尾，短短数十字或百余字，显示出他对碑刻的深切感受，增添了作品的艺术魅力，有助于读者理解作品，比如他对北魏《乙弗莫瑰墓砖铭》的题跋就是如此。正是看到他的题跋，引起我对该砖铭的关注，随后我在大同察访，多有斩获，找到此砖铭三个版本，还寻到乙弗莫瑰之子《乙弗乾归墓砖铭》，又在省艺术博物馆见到《唐代乙弗玉墓志》，互相参校，结合《魏书》《北史》诸史，初步梳理清楚乙弗莫瑰至乙弗玉七代人的世系。乙弗家族属于北魏高层，数代人中，居然四世尚公主，一人为皇后，代代出高官，对研究古代北方民族的迁徙、聚散、盛衰的历程极有意义。

姚强的作品包含几部分：一是精拓，是为核心；二是题名跋尾，可观才气；三是印章，增加气韵。三者合一，形成精拓加书法印章、古代与当代相互穿越的精美艺术品。整体看，作品用墨较淡，清新雅致，朦胧深远，具有中国传统山水画的高古意境。

传拓是一门独特的技艺，名副其实的非物质文化遗产，代有传承，前景广阔。可惜的是，现实满足于一般水平者居多，而传拓名家奇缺。假如皆能弘扬“工匠精神”，精益求精，钻研传拓艺术，掌握各种传拓技巧，追求并创造千姿百态、美轮美奂的佳拓作品，对于延续文脉，打造文化大省，未尝不是好事。

姚强找我作序，我感到惊愕，考古与艺术，犹隔千山万水；艺术殿堂，岂敢胡乱置喙？转而又想，也许他本意就是倾听外行意见，毕竟作品要面向全社会。考虑及此，便无所顾忌，就我所及，坦陈管见，拉拉杂杂，不着边际，姑且为序。

本文原载《金石为开》，三晋出版社，2017 年

也说晋文化

西周前期，周成王“桐叶封弟”，册封其弟叔虞于唐。《史记·晋世家》载：“唐在河、汾之东，方百里，故曰唐叔虞。”其子燮父改称晋，为晋国。春秋时，晋国已卓然有成，国势日强，成为“五霸”之首。春秋战国之际，韩、赵、魏“三家分晋”，并肩列入“战国七雄”，号称“三晋”，疆域囊括今山西省，并占据今河北、陕西、河南部分地区。山西今简称为“晋”，即源于这段历史。

从周初唐叔虞受封始，至秦始皇统一宇内，灭掉三晋最后一国魏国终，晋与三晋存在七、八百年，是西周王朝建立以来时间最久、影响最大的封建割据势力之一。《国语》《战国策》多载晋国与三晋史事，可资为证。

晋国兴起于今临汾盆地，随后扩张至运城盆地，这里山环水绕，沃野千里，气候温和。太行、吕梁二山雄峙东西，遥为屏障，北有牛马之贡，南兼盐铁之利。耕织发达、十年九丰、商贸繁荣、文明悠久，这些条件，造就了晋国的发展强势。

除史书记载外，大批晋国及三晋的出土器物，也向世人讲述了那个遥远的辉煌时代。远在汉武帝时，河阴汾脽（位于今山西万荣县黄河之滨）就出土古鼎，《汉书·郊祀志》云：“汾阴巫锦为民祠魏脽后土营旁，见地如钩状，掊视得鼎。”以后又有各种遗物陆续出土，史不绝书。1950 年之后，随着我省考古机构的设立，考古工作者开始主动地调查晋国与三晋的遗址、城址、墓葬等。

山西的考古工作者对“晋文化”的探索是从侯马开始的，侯马古为新田，是晋国后期都城所在。1955 年，配合侯马的基本建设工程，山西省文物管理委员会派专人去做考古调查，发现大量建筑遗址、祭祀坑和古城址。1960 年，晋国铸铜作坊遗址被发现，引起国家文物局高度重视，从该年至 1963 年，国家文物局将侯马晋国遗址列为重点工作项目，以中央有关研究单位和山西考古机构人员为主，又从全国 10 余省抽调考古人员，展开首次全国考古工作大会战。这次会战，确定了侯马即晋国都城新田遗址所在地，也探明了侯马牛村、平望、台神、白店、马庄、北坞、呈王和凤城等古城址。此外，还发掘了西侯马陶窑遗址、北西庄祭祀遗址、上马墓地、乔村墓地等。1965 年年底，在侯马市秦村西北又发现了盟誓遗址，由 400 余个祭祀坑组成，坑内有马、牛、羊等埋牲和大量玉石器，其中许多玉石器上载有文字，即为著名的“侯马盟书”，内容丰富，涉及政治、信仰、文化各方面，资料发表后，引起海内外学术界的热烈讨论。除侯马外，还发掘了洪洞永凝堡墓地和长治分水岭墓地等。

20 世纪 70 年代后，晋文化考古再次取得突破性进展。经过考古调查，晋文化遗存的分布范围由晋南、晋东南扩展到太原、忻州、朔州等地。有许多地点还经过发掘，较重要的有闻喜上郭墓地、翼城和曲沃之间的天马—曲村遗址、临猗程村墓地、太原南郊墓地、曲沃望绛墓地和高平秦赵长平之战尸骨坑等。

其中最重要的是 20 世纪 90 年代，我所与北京大学考古系组成了联合考古队，在曲沃县曲村搞了 6 次大规模的考古发掘，10 年间，发掘了 9 组 19 座晋侯和夫人墓，出土了大量精美的铜器、玉器、陶器等随葬品，有的铜器铭文中还有晋侯名字。据铭文，9 组墓葬的国君分别是晋侯燮父、晋武侯、晋成侯、晋厉侯、晋靖侯、晋喜侯、晋献侯、晋穆侯和晋文侯，时代为西周前期到春秋初年。从 2000 年起，还发掘了一批陪葬墓，有的墓也出土了带铭文的铜器。这些弥足珍贵的资料，不仅确证了该地是晋国始封地，而且使晋文化考古与研究，进入更高境界，使学术界对“晋文化”全貌、特征、分期诸问题，有了更清晰的认识；特别是关于晋侯墓及墓主人的考订，对推定西周列王的年代起了重大作用。

在晋国后期都城新田遗址中，又发现多批祭祀坑、宗庙遗址、虒祁宫遗址和墓葬、作坊遗址等，使新田遗址整体面貌更加清楚。

1985 年，在侯马召开了首次“晋文化研究座谈会”，苏秉琦先生正式提出“晋文化考古”这一重大学术课题。1994 年，中国考古学会与山西省考古研究所、山西省考古学会又在太原联合召开了“丁村文化与晋文化考古学术研讨会”，将晋文化考古和研究推向一个新的阶段。

我所目前已出版的有关晋文化考古的考古报告及著作有《侯马盟书》《侯马铸铜遗址》《上马墓地》《太原赵卿墓》《古币文编》《三晋货币》《张颔学术文集》《侯马陶范艺术》《晋都新田》《山西省考古学会论文集》（第一、第二、第三辑）、《三晋考古》（第一、第二辑）、《汾河湾》等，此外在山西省文物局主办的《文物季刊》以及省外其他刊物上，还发表了大量的发掘简报和研究文章。

这次在上海博物馆展出晋侯墓出土的部分青铜器和玉器，是极有意义的。一是已有 8 年未召开晋文化考古学术研讨会，而这 8 年中，仅晋侯墓地，又有许多墓葬和车马坑被发现和被发掘，还公布了许多新资料。二是晋侯墓出土器物从未大规模展出，这次展出的器物，是现已发掘的所有晋侯及夫人墓出土青铜器与玉器的精华，是首次向外界展示，等于是考古文博界向社会公众的汇报。三是晋侯墓及其出土器物具有很高的学术价值，是“夏商周断代工程”中考订西周列王编年的重要依据，已有不少学者做了这方面的工作，但从艺术、工艺角度讲，青铜器和玉器的研究仅仅是开始或是方兴未艾。四是上海博物馆藏晋青铜器数量颇多，已有一定规模，这次与山西新出土的晋侯墓部分青铜器和玉器同时展出并召开专题国际学术研讨会，正是珠联璧合，承前启后。可以预言，它将成为“晋文化”研究的一块里程碑，推动全国的“晋文化”研究。

晋文化考古及研究依然是我所未来考古工作的重点，而晋侯墓的考古和研究又是重中之重。我所将一如既往地在主动发掘和配合基建发掘中，积极探索晋文化源流，上探唐尧文化与夏商文化，搞清文明起源与晋文化之源；同时探索与晋并存的方国文化、探索晋都迁徙和晋文化盛衰的过程；研究各种遗物的区域特点、制造工艺、艺术风格等。晋国强盛时疆域很大，早已跨越黄河和太行、吕梁二山，三家分晋后，都城几经周转，迁往今河北、河南省内。因此探索晋文化的盛衰、分布、分期和源流，极有必要拓展视野，加强与邻省的交流，多学科合作，利用新资料、新方法，开创晋文化考古研究的新局面。

原文载上海博物馆：《晋国奇珍——山西晋侯墓群出土文物精品》，上海人民美术出版社，2002年

北齐陶俑的特色

畅红霞先生《太原北齐陶俑》即将付梓，嘱我为序，惶恐之余，利用春节休假，细读思索，谈几点感受。

北齐是继北魏、东魏后的又一个王朝，公元 550 年立国，仅过 27 年，577 年被北周攻灭。北齐时间不长，历史影响却很大，陈寅恪先生梳理隋唐政治文化制度渊源后认为，“隋唐之制度虽极广博纷复，然究析其因素，不出三源：一曰（北）魏、（北）齐，二曰梁、陈，三曰（西）魏、周。所谓（北）魏、（北）齐之源者，凡江左承袭汉、魏、西晋之礼乐政刑典章文物，自东晋至南齐其间所发展变迁，而为北魏孝文帝及其子孙摹仿采用，传至北齐成一大结集者是也。” 由此可见，北齐乃魏晋南北朝典章制度集大成者，隋唐制度与北齐渊源颇深。

北齐的遗址、遗迹和墓葬等，主要分布于晋、冀、豫、鲁诸省，特别在古邺城、晋阳周围，散布着大量该时期的遗址、石窟寺遗迹和墓葬。近年晋阳考古捷报频传，发现许多北齐墓葬、造像埋藏，还发掘了北齐童子寺遗址。邺城也是如此，新发现的北齐墓葬、佛教寺院遗址、造像埋藏，震惊了中外学术界。

北齐考古文化有鲜明的地域特色，仅以陶俑来谈，诸地陶俑各有特点，其中特点鲜明者，应是晋阳、邺城。两处陶俑就体型讲，邺城及其周围地区延续了北魏后期的秀骨清像，略向丰满发展，体态适中；晋阳及其周围地区的北齐陶俑已非秀骨清像，体态较壮，面颊饱满，腹部前突，更具有游牧民族的剽悍特色。多年前，杨泓先生曾对分布于晋阳与邺城为中心的北齐墓随葬陶俑就类型和制作特征做过研究，也指出两地陶俑的共性与差异 。

北齐陶俑是当时社会的缩影，是研究北齐社会、政治、军事、文化的重要资料。例如军事类陶俑，对研究北齐军制、装备、兵种、军服等，都可补历史文献记载之不足。胡人俑，是探讨北朝丝绸之路的重要资料，价值不言而喻。

欣赏北齐晋阳陶俑，有几方面需要注意：

一是应对北齐晋阳及其地位有所了解。北魏后期起，晋阳成为黄河流域除京城外的最重要军事重镇，尔朱荣和高欢，先后占据晋阳，凭借掌握的并州精骑、契胡武士和六镇鲜卑遥控洛阳。东魏北齐，晋阳名曰霸府别都，实际上是东魏北齐的军事中心。当时三方鼎立，战事频仍，军事成为最大的政治，因此军机大事，皆定于晋阳。掌握这些背景，就会明白晋阳周围为何多为北齐将领墓葬；随之也能理解，那些将领墓葬，何以出土许多军事陶俑与展示军容的壁画。

二是要从文化角度审视，探悉北朝晚期的文化背景。北朝时期，是民族大融合时期。从东汉开始，南匈奴、乌桓等北部骑马民族成员陆续南徙，被政府安置于今山西地区，“皆家于晋阳、河涧之滨”。据谭其骧先生研究，山西境内设七八个郡，都有匈奴杂居，北部诸郡，甚至“胡多于民”。平朔汉墓群、右玉善家堡，都出土过许多游牧民族墓葬和具有游牧民族特色的器物。五胡乱华，最初起兵的匈奴人刘渊和最后统一北方的鲜卑拓跋部，都是迁居山西的北方骑马民族。山西民族杂居，胡人众多，由此可见一斑。所以在北齐陶俑身上，从面相、服饰到兵器，处处显示着骑马民族的明显痕迹。

谈及北齐的文化背景，需注意当时的中西方文化互动。北朝从北魏太武帝起，攻占北凉，再次打通丝绸之路，大量胡人涌进平城和中原，留下许多丝路遗迹和遗物，最典型者，即为开凿于文成帝时期的云冈石窟。北魏迁都洛阳，胡人紧随其后。东魏迁都邺城、大丞相府设在晋阳。北齐定晋阳为别都，皇帝常居晋阳。开国奠基者如高欢、高澄，皆为马上皇帝，随后数帝，也崇尚武功，不谙文治，整日商讨开疆拓土，守边拒敌。于是胡商和希冀军功的胡人尾随到晋阳。据出土墓志，北朝晚期晋阳的胡人来自鱼国、曹国、翟国、康国、安国和突厥诸国。所以在太原北齐陶俑中见到胡人形象，并不足为奇。

三是了解本图录特点，作为首部北齐陶俑图录，它涵盖了几个方面：首先是真实性，每一图版，具备准确名称、出土地点、时间、编号、测量、分类、质地、纹饰、色彩、工艺、线图和简单描述，提供清楚的直观形象；其次是艺术性，展示陶俑的不同服饰、姿势、艺术特点、风格等；再次就是较高的学术视野，图录专附一篇文章，概述北齐陶俑的制作工艺，解读和比较晋阳陶俑服饰的来龙去脉、源流演变及其影响，成为了解北齐陶俑的入门途径。为更好观赏北齐陶俑，建议读者诸君耐心阅读此文。

以上是我拜读本书的感受，杂乱无章，聊以充序。

本文原载《太原北齐陶俑》，三晋出版社，2021 年

斛律彻墓报告序

斛律彻墓出土资料已被积压多年，当年简报发表后，熟悉这批资料的人都认为，资料虽佳，不免简略，最好再出报告，公布所有资料。然而经费捉襟见肘，继续整理被搁浅，一搁就是三十年。这批资料长期封存库房，知情者扼腕痛惜，担心珍贵资料束之高阁，永不见天日。

近年来，考古条件逐渐改善，前两年，畅红霞先生提出申请，希望整理这批资料，考古所领导均表示赞同。他负责整理这批资料，有几方面优势：第一，他是当年该墓葬发掘者之一，熟悉前后情况。整理报告忌讳转手，三转两倒，成了陌生人整理陌生资料，既不了解发掘过程，也不清楚发掘过程中产生的系列讨论，更遑论发掘者倾注其中的心血。因此转手后出的报告，有的如雾中之花，极易产生失误。第二，他是简报的绘图者，对主要器物了如指掌、驾轻就熟。第三，他认真负责，凡经手之事，无不尽力完成。

他果然不负众望，一年之后，报告初稿出来，送人审阅，提出意见，然后反复修改，拿出定稿。

山西已发掘多座隋墓，如太原斛律彻墓、太原虞弘墓、汾阳梅渊墓和襄垣浩喆墓等，几个墓主人来自不同民族，斛律彻为北方高车人，虞弘来自中亚地区，梅渊和浩喆属于汉族。几个墓的随葬器物也是各有特色，体现了民族融合的时代趋势，也体现了中西文化交流的历史过程，皆为研究隋代的重要实物资料。

斛律彻墓的意义除上所述外，还有一个原因，即斛律彻家世显赫，是北朝名门望族。其远祖是敕勒族的部落首领，道武帝时率部投附北魏，担任朝廷要职。其曾祖父是东魏北齐的斛律金，善骑射，行兵用匈奴法，军将出身，先随尔朱荣，后从高欢举义，官至北齐丞相。一次军事失利之后，为激励士气，他用鲜卑语唱了一首传统民歌《敕勒歌》:“敕勒川，阴山下，天似穹庐，笼盖四野。天苍苍，野茫茫，风吹草低见牛羊。”使他在文学史上留下不朽名声。斛律彻的祖父即斛律金长子，北齐著名大将斛律光，乃中国历史上十大名将之一。他在文学史上毫无建树，在军事史上却是一座丰碑。有他在，北齐安如磐石，他刚逝世，北齐立刻危如累卵，转攻为守，随即土崩瓦解。唐太宗李世民极其推崇斛律光，专门评论说：“斛律明月（斛律光字明月），齐朝良将，威震敌国，周家每岁斫汾河冰，虑齐兵之西渡。及明月被祖孝征谗构伏诛，周人始有吞齐之意。”

他死后，唐代绛州和稷山县都给他修建了斛律王庙，在并州修建了斛律寺。

斛律彻的叔祖父，即斛律金的次子、斛律光的弟弟斛律羡，也是北齐著名大将。当时，斛律光负责南面军事，主要对付北周；而斛律羡负责北面军事，主要对付塞外兴起的突厥骑兵。突厥铁骑屡战屡败，无法南进，尊称他为“南面可汗”。

遗憾的是，由于兄弟俩性格刚直不阿，最后被奸臣诬陷，皇帝猜忌，被满门抄斩，仅留下斛律光一个幼子。他家累世大将，世代忠臣，国之栋梁，令人敬佩。对于他的家族，很多研究者投入相当大精力，寻找古代文献和碑志资料。希望通过对他家族的个案研究，从一个侧面展现北朝政治以及民族融合的艰难过程。

盛世将临，地不爱宝，去年在大同看到了出土于河北邺城又辗转流落大同的《斛律羡墓志》。更幸运的是，斛律金父亲的墓碑也在太原市晋源区被发现，除墓碑外，还发现了神道两侧的石虎。《元和郡县图志》卷十三《河东道二·太原府·晋阳县》记载：“高齐相国咸阳王斛律金墓，在县西南十七里。” 斛律金墓的位置，按距离方位推算，应在他父亲墓葬周围，今后极可能被发现。

因此，斛律彻墓出土器物或墓志，将来可与他祖父、曾祖的墓志或随葬品一起研究，对恢复斛律家族世系兴衰，对了解北朝墓葬与随葬品的变化，显然都是珍贵资料。

每批考古资料，都是祖先留下的宝贵遗产，也是引领我们认识古代社会的启门钥匙。认真整理考古资料，公布考古资料，既是职责所在，也是可遇不可求的缘分。作为一个考古工作者，我期盼我省积压的考古报告能陆续出版，为社会提供更多的考古资料。

是为序。

本文原载《太原隋斛律彻墓报告》，科学出版社，2017 年

汾阳唐代墓志小识

汾阳乃山西名城，物产丰饶，汾酒绵厚；文化悠长，墓志为证。去岁晚秋，赴汾阳参观新发掘宋金砖雕壁画墓群，顺便参观市博物馆，喜见馆藏墓志二百余方，其中唐代墓志就达 130 余方。王仲璋馆长告我，这些墓志是他们通过各种途径搜求而来的，有意拣选一批唐代墓志，标点诠释，出版发行，嘱我为序。几杯汾酒入口，酒香心悦，身飘飘然，竟然不自量力，一口答应下来。

今岁冬初，王馆长电话报捷，已选编 50 方墓志，编集成册。随即送来校样。翻阅样书，所选 50 方唐代墓志，最早者为唐永徽六年（655）《曹君墓志》，最晚者为唐咸通十三年（872）《靳府君墓志》，从前到后，历时 200 余年。50 方墓志，内容书体各有千秋，艺术价值和史料价值弥足珍贵。以一县级市收藏之力，而能编馆藏唐代墓志者，环视全晋，唯独汾阳县而已。尤使我感动的是，通过该书，可见汾阳人的眼光胸襟、对文化遗产的偏爱以及汾阳薪尽火传的文脉。我不是汾阳人，但是情不自禁，以汾阳自豪。

我对北朝唐代中西文化交流颇感兴趣，通览选编墓志，唐永徽六年《曹君墓志》引起我的注意。这块墓志极为重要，墓主曹怡是“昭武九姓”中曹国后裔。曹国地望，在今乌兹别克斯坦的撒马尔罕西北，属于汉唐粟特地区。北朝并州，到处都有入华粟特人，曹怡一家正是定居中原的粟特人。《曹君墓志》记载了其祖父曹贵、父曹遵及其他的官职。曹贵曾任北齐“壮武将军”，其父任“皇朝介州萨宝府车骑骑都尉”，曹怡本人随李渊父子从晋阳起兵，“陪翊义旗，后殿前锋，殊功必致，于是授公骑都尉。用旌厥善”。一家三代从北朝到唐代，均为中低级武官。

曹怡死于永徽六年（655），终年75岁。据此推算，他生于581年左右，即隋文帝杨坚建立隋朝之年。墓志中记载其父的官职非常重要，因为其父曾任“皇朝介州萨宝府车骑骑都尉”，这里“皇朝”，即本朝之意，实指唐朝。他父亲到唐朝担任此官职时，年龄已经不小，就算581年他出生之年其父只是20岁，到618年唐朝建立，其父已达57岁。由此表明，其父任职萨宝府是57岁之后的事情。

“萨宝”乃外来名词，又名“萨甫”“萨保”。萨宝府是古代唯一以外来名词读音设置的官署，是北朝、唐代针对大量粟特人流寓中国而特设的官署，与中央各级官府不同的是，该官署由粟特人担任各种官员，专门管理入华粟特人、事、物。

根据萨宝府的这种特点，再从他父亲担任萨宝府官职，可知他家本是入华中亚人；再由他的姓氏，可推知他家原来的国籍是曹国。他父亲担任萨宝府官员的具体年代不详，应该在唐朝建立至贞观之间，年龄再大，就不适宜担当此职了。

通过对墓志仔细分析，可以得到如下认识：一是证明介州确实有萨宝府，与太原虞弘墓志记载的虞弘“大象末，左丞相府，兼领并、代、介三州乡团，检校萨保府”正相吻合，并有力证明，当时在并州、代州和介州都有萨宝府，这些萨宝府至少从北周大象年间延续至唐朝初期，表明在这几州，粟特人数量很多。

二是进一步透露出，萨宝府不单单负责入华粟特人的商业、居住、生活等事项，而且萨宝府下设“车骑骑都尉”等军职，负责与军事有关事务。这些军职与虞弘墓志提到的“乡团”有关，职位由粟特人担当。

三是由曹怡祖父、父亲和他的经历看，颇耐人寻味。其父官职与其祖父的不同，不存在继承世袭关系；他父亲官职是“皇朝介州萨宝府车骑骑都尉”，他的官职是“骑都尉”，不清楚他的这个“骑都尉”是“萨宝府车骑骑都尉”的简称，或是萨宝府之外的“骑都尉”。因此在目前信息模糊的情况下，难以断定萨宝府的官职是不是世袭。看来还有待新资料来验证。

一块墓志就蕴藏这么多信息，其他墓志，无疑仍包含许多鲜为人知的重要资料。唐代延续了北朝社会潮流，中外文化交流和民族融合特点显著，无论广度，还是深度，都超过北朝，达到极盛。史家称大唐盛世，实非虚言。

墓志编释非常困难，一方墓志，涉及多方面知识，全部释出，没有一定古文献基础是做不到的。精选、识字、断句、释词，每一步都需要相当功力与见识。可以想见，在选编五十方墓志过程中，编者付出大量劳动和心血。许多县市仅出碑碣墓志拓片，而不诠释，原因即在于此。

毫无疑问，汾阳首批墓志的选编出版，是可喜可贺、泽及后世、功德无量之善举，相信编辑者的努力，会给唐代历史的微观研究与汾阳地方史研究提供更多惊喜。该书出版后，必定会受到各方面垂青。

汾阳还有好多馆藏墓志，如果有条件，希望继续整理出版。就中国而言，观一地文化演变，材料最丰富、最能有序流传者，莫过于碑碣墓志。所谓振兴文化，传承文化，首先当从整理文化遗产开始。文化，既是民族的脊梁和性格，也是民族的气质和相貌，当代中国人，切不可在经济浪潮的推动下，心智迷惑，忘掉民族根系，轻视本土文化。

以上杂想，谨充为序。

本文原载《汾阳市博物馆藏墓志选编》，三晋出版社，2010年

平城考古回顾（代序）

《大同考古文集》出版在即，该文集将以往大同地区有关考古的简报论文辑为一册，按时代排队，分为调查发掘简报（包括古代建筑）和研究两大类，前半部分是提供新资料，后半部分是对新资料的诠释和解读。两者比较，考古发掘简报最为珍贵，从旧石器时代，直至明清，将该地区人类产生、走向文明、国家形成、大一统帝国各时段的文化一一揭示，用翔实的实物资料，展现了大同地区的历史面貌及其盛衰演变。

翻阅文集，再次强烈感受到，大同地区古代文化越来越受到学界重视，成为学术界研究的热点，文集作者栏目显示，许多国内著名学者都在大同研究者行列，如裴文中、贾兰坡、宿白、安志敏等，有的是科学院院士，有的是著名教授，都是享誉国际的学术领军人物。更为欣喜的是，大多数作者都是我省学者，反映出平城研究的队伍人才兴旺，后劲无穷。

大同的古文化延绵不绝，旧石器时代、新石器时代、秦汉、北朝、唐五代、辽金、元明，都有许多重要遗址或墓葬被发现。历数诸时代发现，旧石器时代和北魏、辽金的发现较多，影响较大。特别是北魏时期，由于建都平城，留下的遗址、墓葬、石窟等最多。北魏墓葬出土的随葬品与壁画等，反映了当时的民族融合与丝绸之路文化交流的历史。其次是遗址，如操场城遗址、明堂辟雍遗址、云冈石窟窟前遗址，云冈山顶北魏辽金佛教寺院遗址、永固陵思远佛寺遗址等，再现了北魏平城昔日的辉煌。文集收录的出土器物研究、各类馆藏文物研究、石窟研究和历代碑刻研究，也从不同角度展现了平城的科技、政治、艺术或文化生活的各个方面。

文集既是对以往考古工作的回顾总结，也是文物战线对大同人民的汇报，更是以后工作的新出发点。通览全书，本世纪的考古发掘简报和研究文章无论数量还是质量，都占有醒目的地位，的确可喜可贺。如果说，二十世纪我们对北魏平城还感到模糊的话，那么现在可以自豪地说，二十一世纪以来，随着考古工作频繁展开，目前对平城的认识，已登上了一个新的平台。

平城的大多数考古工作，是基本建设中的考古工作。城市的现代化和发展，带来考古的机遇和任务，在大同市政府和考古工作者的努力下，考古取得丰硕成果，初步实现了城市建设和考古研究的两利双赢。将来随着城市文化的发展和需求，在进一步做好城市建设考古的同时，要争取条件，提出课题，增加主动调查发掘，以解决平城研究中亟待解决的问题。北魏宫城、郭城、皇城都有许多工作需要去做，特别是操场城遗址，几次发掘证明这里是北魏宫殿遗址，但是此地开发很快，可发掘面积越来越少。只有操场城东街的四中周围和明代北城墙一带还没有开发，在这一片，无疑还存在宫殿遗址，等待着重见天日。如能主动发掘这些遗址，会比被动发掘取得更多资料和信息，对进一步研究平城历史极为重要。

掩卷思量，感到还有许多考古工作需要去做。一是已经发掘上千座墓葬，但是发表的简报和报告不足二百篇，大多数还处在“杨家有女初长成，养在深闺人未识”的状态，希望这些资料早日发表，给研究者提供更多史书不载的信息。二是阅读该书，发现各朝代研究成果多寡不匀，固然与各时代出土资料多少有关，也与研究者的重视程度有关。比如说，旧石器时代与北魏平城的研究成果比较突出，但是新石器时代的考古工作做得较少，“三普”中新发现的新石器时代遗址，有必要做更细致的调查。战国和汉代平城的研究也相对薄弱，战国和汉代平城究竟是什么模样、多大规模、怎样布局、城市综合水平如何？一系列疑问，均需要以后在继续关注北魏平城的同时，开阔视野，注意和梳理战国汉代的出土资料，尽量让沉埋在历史尘埃中的战国平城和汉代平城浮现出来。

即使北魏平城，需要做得工作也有很多，如金陵究竟在哪里？北魏前期丝绸之路与平城的路线、影响，重要佛教寺院遗址（如永宁寺）的位置和内涵等，诸如此类的问题数不胜数。祖先留给大同的遗产太丰富了，决非几代考古人能够做完。

三是对平城文化的保护传承，文物是不可再生的文化资源，是大同文化的根脉，对重要遗址、墓葬、遗迹怎么保护传承？也是考古工作者需要认真考虑的重要工作。毫无疑问，大同在这方面走在全省的前列，如对明堂辟雍遗址、操场城宫殿遗址、云冈窟前遗址和山顶寺庙遗址、沙岭北魏壁画墓等，都实施了不同程度的保护，市人大也出台了《大同古城保护管理条例》。然而随着考古新发现，这方面的工作量还是很大，任务还是很重。因为大同是历史文化名城，所以在出土文物保护方面，有必要探索文物保护的新方法、新途径，完善平城文物保护体制，树立文物保护和城市建设同等重要的观念，利用多种形式尽量多保护出土遗址遗迹和重要墓葬，为大同增加多姿多彩的古文化元素。

大同是典型的历史文化名城和古代名都，平城遗址是深藏于地下的明珠，或早或晚，它的历史文化地位，会得到所有人的认可。考古资料是古人留下的无字天书，经过整理、研究，才能提供释读古代的密码。对于如此神秘珍贵的古代遗产，我们自当怀着敬畏之心，尽职尽力，为保护传承与合理利用服务。

平城考古与研究保护，现在仅是一个良好开端，大量的考古发现与研究成果，还有待于今后的考古工作者和历史研究者探寻求索。

以上杂想，且充为序。

本文原载《大同考古资料汇编》，文物出版社，2018 年

考古发掘报告积压的问题

考古发掘与考古发掘报告是一项科研流程中的前后两个阶段，发掘是为了搞清古代遗址或者遗迹的内涵和关系，发掘报告是为了把搞清楚的遗址或者遗迹内涵用文字、图表和其他化验报告的形式表述出版，向社会公布。没有考古发掘，产生不了发掘报告；同样，没有发掘报告，考古发掘成果也得不到社会的认可，两者是相辅相成的关系，既独立，又统一。

从二十世纪八十年代以来，随着我国社会的全面发展，考古成果越来越受到社会的重视，从“冷学”悄然过渡到“显学”，可以说，这是我国考古学从来未有的盛况。

在考古学发展的同时，一些问题也伴随而来。其中之一便是考古发掘报告出版的滞后问题，并且有与考古发掘工作背离的趋势，这个问题如不能及时有效地得到纠正和解决，至少会导致近三十多年的考古成果事倍功半。

一、考古报告滞后问题的普遍性

考古报告产生于发掘之后，这是它内在规律决定的，本文所讲的滞后，不是指这个意义上的滞后，这也不是滞后，而是正常的先后关系。

本文所谓“滞后”，是指一个考古报告在考古发掘完成三年、五年、甚至八年、十年后都没有完成。有人干脆将发掘资料束之高阁，藏之名山，准备让它悄然死亡或在人们记忆中蒸发。这种情况最初在一、两个省出现，就像青铜器上的“有害锈”，具有传染性，而且传播速度很快，迄今为止，已经蔓延到全国各省市考古部门和地市考古部门，甚至中央考古部门也不例外，都有这种使人头疼的陈年旧账。一个有趣的现象是，考古发掘项目都抢着要，然而作为考古发掘项目一部分的发掘报告，却鲜见有人热心去做。许多单位，旧账未了，新账又至。当年做过轰动一时、极有学术价值的考古发掘，但是随着发掘结束，该项目也就偃旗息鼓。甚至有些做了数十年的项目，学界都在翘首以盼报告问世，结果发掘者退休了，继任者又是只管发掘，结果使得具有一流学术内涵的考古项目虎头蛇尾，无疾而终。

如果把各级文物局或者主管部门历年批准的考古发掘项目名单拉出来，把各级考古研究所或者地市县文管所、考古所抢救性发掘清理的项目名单拉出来，再和所出版的考古报告、简报作一对比，就可以发现，两者悬殊很大。据局部了解和推测，当在对半开，或者四六开。就是说，十个考古发掘项目中，只有四、五个发表了简报或者报告。更为严重的是，许多本年度“全国十大考古新发现”项目中，也存在这种情况。评上十大发现之一的项目，各省市各单位的奖励制度不同，有的省里给奖励，有的所里给奖励，有的给领队奖励，然而时过三年，有的项目居然连个简报都未发表；有的时过五年、八年、十年，却完成不了报告。令人哭笑不得。

还有一种情况令人担忧，以上所讲的历史欠账并非只是已经退休或者及即将退休的老同志留下的，有相当大的一部分，是现在正在岗位的中年考古学者留下的。现在40岁以上的人手里，有许多考古报告也没有整理完成，有的干脆暂时不整理，准备留待退休后再说。更有甚者，他们中的一部分人，还在不断申请新的项目。实际上，这批人手里积压的考古报告，可以与退休人员积压的报告“媲美”，业已形成新的问题。

二、考古报告积压的原因

（一）经费原因

以往许多报告或者简报未能完成，是由于经费原因。某些老考古发掘项目，当时不能及时整理，主要是缺少经费。拖到现在还没有整理完成，原因已经转化，年事已高，记忆衰退，资料散失，查找不易等，逐渐成了主要原因。

（二）报告整理过程时间太长，与所里目前工作矛盾

现在有些所里无法把整理报告作为首要任务，是因为有一些更急迫的工作，如基本建设中的考古，抢救性发掘等。对省市、地县考古文物部门来讲，基本建设考古和抢救性发掘，是重中之重的任务，这是谁都清楚的事情。近年来各地基本建设的考古项目接踵而至，是客观事实，而且基本建设中的考古发掘，既能保护文物，符合“保护为主，抢救第一”的原则；又是所里的生命线和经济基础，自然各所都把基本建设考古作为首要任务。在这种形势下，必然产生任务多，时间急，人手少的情况。为了解决此问题，只好把报告整理暂且放在一边，调领队先去应付燃眉之急，这也是报告积压的原因之一。

（三）报告整理的时间和劳动强度远远超过发掘

报告积压还有一个主要原因，这个原因与领队的素质有关。在一般情况下，尤其是现在，考古发掘的时间较短，而报告整理的时间要数倍甚至十倍于发掘时间，这要视整理者的业务水平来决定。另外，不容回避的事实是，许多工地的发掘主要依赖技工，而整理却主要依赖于业务干部，尤其是领队。整理的过程，是个既吃力难受又漫长甚而痛苦的过程，所以许多不负责任和怕吃苦的领队，就会找种种借口，一再拖延时间，回避报告整理，这是报告积压的原因之一。

（四）领导层不重视造成的报告积压

在许多领导心目中，往往把考古发掘和考古报告分开来看，只表彰好的考古发掘，不表彰好的考古报告，有的很少或者不把报告整理看做考古发掘的有机组成部分。在此观念影响下，各级文物局很少把报告完成的情况和进度作为考古工作检查的内容。还有的领导是重展示而轻报告，久而久之，也成了考古报告积压的一个原因。

（五）矛盾造成的报告积压

有一部分的报告积压，是由矛盾造成的，这些矛盾很复杂，有的是各级文物部门的矛盾，有的是单位领导与整理负责人的矛盾，有的是整理者之间的矛盾。这些矛盾得不到及时调解，导致资料积压，无法整理。如我所，1999年曾在某县发掘一个大墓，发掘完毕，县领导不许拉走器物。我们承诺器物修复后、报告整理完就送回县里也不行，省文物局下文也不执行。县里坚持要自己组织人修复器物，尽快展出。对于出不出报告，县里领导不管，他们只要能达到展示目标就行。结果时至今日，器物还没有修复，更谈不上展出和整理报告。这种单位与单位之间，人与人之间的重重矛盾，造成资料分散，互相封锁，导致报告完成遥遥无期。

三、问题解决的途径

一个重要的考古发掘项目，是由它的内涵和学术价值决定的。一个完整的考古发掘项目，自然包含了发掘和报告整理两部分工作内容，虽说发掘和报告整理分前后阶段，但都是该考古发掘项目的组成部分，不能重此轻彼，更不能重此废彼。报告不完成，就是这个项目没有完成，就无法向社会交待，其重要内涵和学术价值也无法被人利用和参考。这样的发掘，只有个人意义和价值，没有社会意义和价值。这样的项目，即使最后展示出来，供人参观，也会使社会意义和学术价值大打折扣。

（一）用法制手段促进考古报告的及时出版

在《中华人民共和国文物保护法》和《中华人民共和国文物保护法实施条例》中，都提到考古发掘的审批和发现品的保管分配等问题，但是都没有提到考古发掘结束以后资料必须整理出版，也都没有关于考古报告出版的奖惩规定。但在国家文物局的《考古发掘管理办法》中，专门有这方面规定："考古发掘报告的编写工作要在发掘结束后的3年内完成。年度发掘报告应在当年完成编写工作。"[①]以前由于这种情况不严重，用"办法"的形式就可以生

① 国家文物局：《考古发掘管理办法》第五章《考古资料与发掘报告》，1998年7月15日。

效，现在考古报告积压情况日渐严重，《考古发掘管理办法》需要与时俱进地作些补充修改，非常有必要在适当时候，将此内容列入《中华人民共和国文物保护法》或《中华人民共和国文物保护法实施条例》中，或者由国家文物局专门制定一个有关规定文件，使考古报告出版的问题上升到法制程序。

（二）建议各级文物局采取有效措施解决此问题

解决此问题，一是靠政策规定的总体强制性，二是要有具体的措施，要通过几种渠道来管理，这些措施渠道，我感到不能少了如下几项内容：（1）建立详细的业务档案制度；（2）对旧帐未了者一般应少给新项目；（3）对那些如期完成考古报告者，在申请新考古发掘项目时，要给予优惠政策，建立优先权；（4）建立考古报告完成情况奖惩制度，完成早的和质量好的，一定给予奖励；完成晚的和质量差的，一定给予惩罚。奖惩的金额不能只是象征性的，必须有一定的刺激力度，才能多劳者多得，少劳者少得，达到先进者更先进，落后的赶先进的管理目的。

只有这样引进竞争机制，才能打破大锅饭制度，鼓励多干创新，优胜劣汰，保持一个行业的蓬勃发展态势。

本文原载《中国文物报》，2011 年 9 月 29 日

留在黄河边的岁月

有句成语：岁月如流，不舍昼夜。是说时光如同渐行渐去的流水，隐含着对如烟往事的追念。

每次路过黄河，眺望着黄河奔流东去，不由自主，我就会寻找黄河两岸是否遗存着古代栈道，想到栈道，就会自然联想到我们考察栈道期间的旧事。那些事虽然早已远去，就像我看到的黄河浪花，一波一波，泛着光亮，消失在我的视野之外，但是黄河波浪的身影姿态，却永远留在我的记忆库。现在借此题目打开记忆之门，琳琅满目的往事，扑面而来，构成鲜活的栈道故事。

那是 1997 年夏季，一个令人难忘的酷夏，那年，我所配合黄河小浪底水库建设工程，承担了山西境内三门峡大坝以东黄河北岸的古漕运遗址调查（详见《黄河漕运遗迹——山西段》，科学技术文献出版社，2004 年）。我对交通考古兴趣甚浓，主动揽起这份“苦差”。那年五一，利用节日假期，我与海金乐、赵仁柱先行调查，发现许多栈道遗迹。记得那两天马不停蹄，疲惫不堪，一路走一路调查，从平陆跑到垣曲县，还看望我所在那里配合小浪底水库工程的考古队。

返并后，我制定了一个详细的调查计划，组建调查队，准备调查必备器材和安全绳、救生衣等。七月流火，正是一年最热的季节，我们这支调查队踏上南行之途。路经运城市，拜访并受到市文物局付仁杰局长的热情接待，我向他借调了市文物考古所李百勤所长。他是运城文物的活地图，极其热爱文物工作，也是我的老同学。我在运城工作，是不能没有他的帮助的。至此，我们第一期调查的队员全部到齐，我、山西大学赵瑞民教授、李百勤，还有我所的畅红霞、邢晋中。我们五个人，说起来只有我和邢晋中会游泳，但那时人还年轻，不惧危难，只希望有很多收获，不虚此行。我们正好一车人，开着我所最适合野外工作的尼桑吉普，风驰电掣般地赶到平陆县。

我们于 1997 年 7 月 10 日到达平陆，拟从平陆三门峡大坝以西，向东展开详细考察。第一天，我们住平陆县宾馆，一方面拜访当地文物局、博物馆，了解情况，一方面由李百勤去黄河边联系工作第一站的住处。次日 6 点，我们全部起床，在大街小摊上吃了早点。由于路况不佳，我们驱车过了三门峡大桥，进入三门峡市，又从三门峡市通过钢桥回到山西这边，来回在黄河上走了一趟，赶到东粮宿村的住处。房东姓陈，名王栓，50岁左右，原是位村校教师，后来到了乡里成为干部。房东大嫂是典型的憨厚好人，满脸带笑，身材稍有发福，却极为精干，手脚麻利。我们进门，他们早已打扫干净窑洞内外，把家里新被褥全晾在院里绳上。

收拾好房间，已是10点多，赵瑞民提出先去黄河边看看，确定勘查起点。我们拟接着五十年代中科院考古所的调查向东走，俞伟超先生他们以前的调查限于三门峡大坝附近，范围不太大，但遗迹丰富，著有《三门峡漕运遗迹》。我们按图索骥，先找到俞先生他们调查范围的东端，确定为我们调查的起点，向东继续调查。

随后我们在五一石膏厂下面的黄河边上，查看我们要调查的第一段栈道。往回返的时候，瑞民忽然说："要是发现一段题记就好了。"我随手一指："这不是吗？"我本来是开玩笑，但是他顺着我指的崖壁方向看去，发现果然有一片题记，每字约2寸，方方正正。我俩又惊又喜，爬上崖壁细看，原来是一段唐代题记。四十来个字："大唐总章三年正/月十五日太子供/奉人刘君琮奉/敕开凿三门河/道用功不可记/典令史丁道树。"没料到刚来就有重要发现，可谓"旗开得胜"，首战告捷，瑞民非常兴奋，掏出笔记本，详细记录下来。

瑞民是博士出身，嗜好读书。为赶进度，我们规定五点半起床，六点吃饭，六点半出发。每天我五点半被闹钟叫醒，看见他已端坐在门口小板凳上，沐浴着朝阳，手捧书本，津津有味地读着。我们大家既感叹又钦佩。

黄河边都是石块或者崖壁，攀爬行走特别费鞋。李百勤是我们考察队最能走的人之一，考察仅半个月，一双新买的胶鞋就磨穿了底。考察杜家庄栈道时，我们走了很长一段河滩路，好不容易爬上栈道，刚开始工作，忽然李百勤大喊："快撤，河水涨起来了。"一看脚下，果然，刚才还距水面很高的栈道，这时离水面已经很近。根据我们的经验，这是三门峡大坝开始放水了。我们赶快后撤，李百勤在最后的位置，等他下了栈道，刚才还可以步行的河滩，水已经齐腰深了。我们连滚带爬出了河滩，不禁连呼惊险。我们考察西河头栈道时，路上见远处有一寺院屋顶。他大叫："这有处古建，怎么县博物馆 ×× 说，平陆无古建。"非要我们看看不可。拖到第三天，我们早点收工，赶去探视，果然是一处完整寺院。中间主殿大梁上还有墨书题款：洪武三年重修。他高兴地呼叫："看来是元代建筑"。

畅红霞负责绘图，没事时还要写一段七律或七绝。他有恐高症，不敢上高处，可是栈道都在离水面七八米处，有的达到十几米，栈道时续时断，有些断裂处仅有半脚宽。我们考察西河头栈道的一段，就遇到这种情况，又高又险，好多断处。邢晋中是消防队员出身，不惧高险。一遇这种情况，他总是自告奋勇，先带保险绳过去，在牛鼻子上拴好保险绳，后边的人一手拉保险绳，一手扣着崖壁缝隙，慢慢通过。最后一个通过的人是畅红霞，大家一边鼓励他，一边指导他何处落足，何处下手，他缓慢地通过险地，一下坐在栈道上，说："我的妈呀，总算是过来了，吓坏我了。"奇怪的是，经历那次后，他反而不怎么"恐高"了。

最难忘的是我们有共同遇难经历，那是在杜家庄栈道，这里地势险要，但栈道保存很好，一段接着一段，栈道延续很长，信息量也大，有题记，还有线刻画。可惜栈道过于狭窄，无空间拍摄一张栈道全景。于是邢晋中划着橡皮舟，把我和畅红霞送到对岸，拟拍照全景。拍照完毕后，我俩回头向小舟走去，此段黄河的河床很特殊，山西这面，全是悬崖，河南那边，全是沙滩。我俩在沙滩上走着，没有感觉到沙滩的变化，无意中并肩走进一片颜色略暗的沙滩。忽然，脚下一软，身体迅速下沉，刹那间，我俩的双腿陷进一片沙滩下的泥潭沼泽里。我俩下意识地一个向左后，一个向后扑倒，手撑硬沙面，挣扎几分钟，先后拔出腿来，战战兢兢返回小舟。回想起来，真是有些后怕。

邢晋中是我们考察队司机，兼职很多，摄像、操舟、买菜、探路等都是他，我们考察设备不好，从三门峡大坝电厂借的一个橡皮舟，不停在漏气。每次灌足气，只能往返一趟。因为舟小人多，每次最少需要三趟才能把人拉完。他买了一个大号气筒。每趟过来后，就带头用气筒给橡皮舟灌气，每人打二百下，灌足气，他就跳进小舟，用一个自制的小桨，划去载人。拉回人来，小舟充的气就跑走一半，就再灌气再载人。晚上收工，他把放在窑洞深处的啤酒抱出来，窑洞是天然冰柜，既保鲜，又清凉，饭前每人一瓶，沁人心脾，顿时将全身劳顿驱走许多。

平陆我们最后一站是老鸦村，栈道题记较多，工作完已经很晚，还捎带考察了岸边一个清代寺院遗迹，并在残碑上找到一段有关黄河漕运的记载。次日大雨如注，我们冒着大雨赶到芮城，计划整理好调查资料再回太原。结果发现平陆段有一处栈道需要增补资料，百勤带人去补，回来说，昨天的黄河水足足涨起来七米多，栈道路面完全被涨起来的河水淹没，前几日才挖到底的栈道底孔等，已被泥沙填满。

在黄河栈道考察期间，我们一直参考着《三门峡漕运遗迹》，但是我们发现立式转筒时，翻阅《三门峡漕运遗迹》，却没有相关记载。我们不认识这种遗迹，不知道该怎么定名，只好暂定为“圆盘遗迹”。连续发现几个后，感到不起个合适名称是不行的。我们每天琢磨：这是什么遗迹，原来是什么用途。有一天，我、瑞民、百勤三人不约而同凑在新发现的一个转筒遗迹前，你一言，我一语，最后思路逐渐清晰，原来这是一个立式的转筒，设在栈道拐角，是为避免纤绳在崖壁的摩擦，减轻纤夫力量的一个栈道辅助设备。几经商议，最后据其形状功能，感到定为

"立式转筒"或"立式转轴"最为合适。

平陆勘查一多半时，瑞民有事先期返家，我们调查完平陆，立即转移到垣曲县。在五福涧村东附近，发现几段栈道，遗迹不多，形态一般，气势平淡。我和百勤闷闷不乐，踽踽前寻，忽在崖壁上又看见一段题记，漫漶不清，隐约难识。我俩集中精力，读后大吃一惊，赶忙再读一遍，终于确定。我俩就像确信自己中了彩票似的，忍不住哈哈大笑，原来这是一段东汉题记，记载了东汉建武十一年，调集石匠开凿栈道之事。这可是最早的题记啊，我俩的懊丧心情顿时化作无限愉悦。回来后，为保险起见，我又请张颔先生鉴定字迹，他也肯定是汉代字体。

在这之前，因勘查任务重，百勤把他手下的几位年轻人薛鹏义、孟东升、陈春荣全调过来，做夏县栈道考察。这几位年轻人初上栈道，也是小心翼翼，险恶地段一边是十几米高的悬崖，下面是咆哮急湍的黄河，残存栈道仅宽一尺左右，首次走这样的路，不用说测量，有的同志走也不敢走，甚至匍匐前行。有一天，他们看到当地一老一少两位妇女来到险恶地段，前面一位年轻妇女手牵孩子，到了最险恶地段，二话不说，把孩子往肩膀上一扛，轻盈走过。后面一位是手拄拐棍的老太太，到了最难行处，脚不停、眼不眨，照样拐棍点在石板上，轻轻松松过来了。看得他们傻了眼，激起男子汉的勇气，胆子也越来越大，无所畏惧。后来在任家堆捶拓栈道题记时，程春荣过于专心，忘掉身后就是峭壁，无意后退了一步，身体顿时向黄河栽下；孟东升一把没有拉住，两人先后落入黄河，这里正是漩涡，他们游不出来。幸亏向导深谙黄河水性，见状跳下去，把他们拉出漩涡。

黄河边的景色真是赏心悦目，休息时，坐在栈道上，看着蓝天白云，万山争翠，飞起飞落的各种水鸟，奔腾东下的激流，真是壮观，感悟到许多平时感悟不到的人生真谛。收工前，夕阳的余晖在山峰间和水面上抹上一层或深或浅的红霞，美啊！美到言语无法表达的程度，真是只能意会，难以言传。

连续 7 年跑黄河，我们看到过黄河的各种面貌，春秋季节，黄河经常是水如碧玉，清澈平缓，温顺可爱；夏季，黄河经常是浑浊奔腾，气势逼人，令人心神震撼；甚至，我们还见到难得一遇的河水断流、中段枯干的景象。那是在垣曲五福涧村前，放眼望去，长达数十里的黄河没有一滴水，河底各式各样的石块完全暴露在骄阳之下，有绿色的、红色的，布满花纹的等等，都很巨大，有棱有角。我们踏着石块从山西这边直接走向河南那边，在河中间一块巨大的石块上，看到了“道光元年正”刻字界石，我们推测那一年，可能也发生了枯水现象。我们有心由此探索历史上黄河河道变迁的情况，可惜力有不逮，未能如愿。

山西大学考古系郎保利教授和我所吕金才是 2004 年加入到栈道复查队伍中的，那年我们离开太原一共是 4 个人，他俩再加上瑞民和我，四人中二人属马，二人属羊，属马者实五十，属羊者虚五十，合二百岁，号称200岁考古队。路经侯马，谢尧亭站长请我们与吉林大学李伊萍教授一起吃饭，期间，听到我们自诩是200岁考古队，李教授笑言："加上我，这个考古队就完善了。"我们听后愕然，随后醒悟过来，满桌大笑，原来她也是五十岁，加上她正好凑成二百五考古队。虽然没有加上她，但是我们去运城后，却加上李百勤副局长，他虚45，是我们这支队伍中年龄最小者，听我们讲述这个笑话后，他要求我们把他当做50岁，因此在以后的几天里，我们曾骄傲地自称二百五考古队。过一段时间，他单位有事，只好告辞回去，正所谓：人在官场，身不由己。1997年我们来调查时，周围数十里没有电话，无法和外界联系。2004年来时，电话已经普及，我们也是人手一部手机，社会变化之快，由此可见一斑。

吕金才负责开车，去栈道勘查第一天，就遇到麻烦。那天我们离开平陆县城，直奔老鸦村，意思是从最远处开始，先踏查一遍。快中午时，目的地已经遥遥相望，在一个狭窄的山坡拐弯处，车却出了故障，一声低吼，趴下不动了。他和保利怎么鼓捣也不行，百勤、瑞民和我，坐在旁边树下，干着急，插不上手，一直僵持到下午，没有办法，只好和三门峡市汽修厂联系，请对方派出拖车和师傅，把车拖回三门峡去修。他们两位随车去了三门峡，我们三个找到一个小旅店住下。次日，雇一辆三轮摩托，拉我们去了老鸦村。那里原来很热闹，这几年村民作为移民陆续离开，已经没有道路，到处是齐腰深的野草。我们感慨地说，人类是自然的破坏者，自然有极强的自我恢复功能。这不，人们离开才几年，这里又成为典型的原始生态。

吕金才不恐高，虽说是初次参加黄河栈道勘查，也不会游泳，但上悬崖栈道如履平地，在崖壁上跑来跑去，毫不在乎。休息时，别人都要离开崖壁边缘，唯独他专门坐在边缘，而且两腿吊在外面，晃来晃去，拿着手机翻阅短信。我们“警告”他多次后，要求安全第一，他才坐在里面。

保利最适合栈道勘查，泳技较高，数次横渡黄河，而且身形矫健，不恐高，善绘图。我和瑞民在前面编号测量，他和金才在后面绘图，速度很快，常使我和瑞民感到他们没有把工作做细。我们检查资料，却发现资料齐全，工作到位。有了这样的速度，复查就快多了，尽管有这样那样数不清的困难，我们反而提前完成了复查。

我们每天考察，路段不同，水上交通工具也不相同，有木船的河段，就租木船，没有木船的河段，就坐租来的皮筏子。所谓皮筏子，只是一个汽车内胎，加一个底部，改成坐人的皮筏子，因为小，每次除船家外，只能坐一人。有次收工，我和保利先回到岸边，那天可能是最热的一天，在等人时，保利下到黄河游泳，连称凉快，我也忍不住下去了，游着高兴，不觉到了河南那边。结果回来时，上游三门峡开闸放水，顿时平静的河面上波涛滚滚，往回游变成了逆水。游了一阵，总在原处不动，只好游回河南那面，再乘坐皮筏子回来。请教船工，才知道遇到这种情况，斜着游才可到达对岸。在返回驻地的途中，保利忽然诗兴大发，随口编出顺口溜一首。我和瑞民受他感染，一边把保利的大作发给回家的百勤，一边也搜肠刮肚，附庸风雅。从此，我们就开始编顺口溜，题材有考古的，也有生活的，居然每人都有多首。各挑一首转录如下：

郎保利《黄河感怀》：
九曲黄河自古雄，蓄水发电若为佣。
他日觅得沉香斧，劈开枷锁放蛟龙。

张庆捷《栈道考古》：
大河东下百川融，栈道残余汉唐风。
问谁识得当年貌，唯我探险考古人。

赵瑞民《黄河奔流百川行》（步张韵）：
考古调查栈道行，黄河岸边颂古风。
推敲当年制作意，愁煞几个考古人。

回来后，瑞民特将这些集中起来，命名为《黄河栈道纪事》，按照前辈学者说法，戏称这些是“考古诗”。顺口溜（“考古诗”）不讲究韵律平仄，很不到家，但确实记述了栈道考察时的乐趣和细节，故不揣浅陋，冒充工作笔记，附录在此，权作纪念。时过两年，百勤带头，瑞民和我响应，按照格律正儿八经地写过回忆栈道考古的七律，可惜没有保存好，写在后面的，反而全部丢掉了，真是可惜可叹。

本文原载《有实其积》，山西人民出版社，2012 年

朝花夕拾记先生

春节期间，疫情泛滥，宅在家里整理资料。接到所里电话，今年将举办张颔先生诞辰一百周年纪念会，希望我写一篇关于张颔先生的回忆文章。

张颔先生是山西省考古研究所第一任所长，是著名古文字学家，在古文字研究领域成果斐然，主编的《侯马盟书》，独著的《古币文编》，是研究我国先秦古文字、晋国历史和先秦古货币的经典巨著，国内外都有很大影响。早在我们读本科期间，他的成就被老师屡屡称赞，学生心目中对他已是心向往之，高山仰止。

放下电话，拼接记忆的碎片，张先生的音容笑貌，言谈举止，在脑海一一浮现，逐渐清晰起来。

1981 年 9 月，因张先生的影响力和学术地位，中国古文字学会第四届年会在太原迎泽宾馆召开，我们几个同学前去旁听会议。张先生讲战国中山王墓发现的文字，由于我们基础较差，听得似懂非懂。最大收获是，通过演讲，他从容淡定的神态、亦庄亦谐的谈吐、给我们留下深刻印象。会议上，同时见到很多著名学者，如饶宗颐、于省吾、胡厚宣、张政烺、史树青、裘锡圭、李学勤、高明、邹衡等先生，当时都是大名久闻、如雷贯耳的学界大咖。比如，我们上课使用的讲义《商周考古》，就是邹衡先生编著，这是他在北大的讲义，也是全国该领域最好的讲义。

1982 年，本科毕业后，我被分配到太原市文管会工作，先去南十方寺院上班。南十方寺院西院当时是市文管会的文物库房，存放许多古籍字画，我们的任务是清点登记古籍字画。库房是旧式楼房，楼梯和走廊都是露天的，当时省考古所暂借南十方宝地，临摹北齐娄睿墓壁画，也整理该墓出土器物，我初次接触娄睿墓出土壁画和陶俑就是在南十方寺院。凑巧的是，张先生也在南十方借用一间办公室，他的办公室和我的都在二楼，他在正房，我在西厢房，相隔三四间办公室。楼梯在我们这边，他上下楼梯，都要从我窗前经过。看上去他总是很忙，来去匆匆，本想找他请益，却犹豫再三，不敢冒昧打扰。一天下午，我正在办公室看书，可能他工作累了，推门进来，询问我看什么书，随便聊起来。我的办公室很简陋，一个多余的茶杯和椅子也没有，他看出我的尴尬，干脆邀请我到他办公室坐坐。他办公室简单整洁，一张床，一个大办公桌，几把椅子。桌子上铺着一摞信笺纸，旁边摆着毛笔和砚台。我很奇怪，问他是不是练书法，他笑着说，他在修改《古币文编》，这是他利用先秦货币，研究古文字的一部著作，试用了一种新的编排方式，效果应当更好。书稿即将杀青，将在中华书局出版。我上前观看稿子，意外发现稿子全部是用毛笔书写，分币文识别和考证两部分，竖写小楷，清晰俊朗，凝重沉稳。以前不知道张先生是书家，乍见张先生书迹，不禁心里暗自吃惊，对他的认识又加深一层。

张先生幽默又睿智，智商情商均高，对考古界人物故事非常熟悉，如数家珍，聊天轻松愉快，一会谈张政烺发现商代数字卦，一会谈郭沫若与侯马盟书，不知不觉一个多小时过去，为不影响他工作，我告辞出门。从此以后，我和他便熟悉起来，我调到省文物局季刊编辑部后，稿子来源复杂，免不了遇到古文字方面的问题，就借机登门造访，当面请益。

1995 年夏秋之际，省文物局任命我为考古所所长，疑难问题多了，求教次数也多了。好像是 1996 年，公安厅查获一批走私唐代出土文物，共 8 件，其中 5 件铜镜、3 件唐三彩粉盒，都是完整器，移交省文物局。文物处杨子荣处长给我打电话，问考古所要不要这批东西，因没有明确出土地点，我拿不定主意，便带上器物请教张先生。他挨个细看，认为品相凑合，真品无疑，但结论是，没有太大学术价值。并说，考古所收购文物，应该以科研价值高为标准，因为我们是研究所，不是博物馆。先生的几句话犹如醍醐灌顶，使我更深刻领会到考古研究所的发展方向，一定以有益于科研、提高研究水平为主。

1997年，配合小浪底水库建设，我们拟做山西省黄河沿岸的古代漕运遗迹调查。走之前，我去张先生那里，他给我建议，除了漕运遗迹外，最好也注意考察古代黄河改道的问题，看能否发现考古证据。省考古所、山西大学考古专业和运城市文物工作站三家组成联合考古队，在平陆、夏县和垣曲县跑了一个月，由于调查区域地处山区，黄河在岩石间穿行，没有发现古代黄河改道的证据，仅领教过下大雨黄河水一夜上涨六七米的骇人景况。然而在三县黄河两侧山崖峭壁，发现大量古代黄河古栈道，依山而建，断断续续，绵延一百余里，犹如蛰伏在黄河巨龙身侧的幼龙，别有一番气势。古老沧桑的栈道上，留存着立式转筒、牛鼻孔、壁孔、桥槽等数不清的遗迹。尤其是在各段栈道岩壁上，还镌刻着各朝代的题记。特别在垣曲县五福涧村栈道岩壁上，发现建武十一年题记，分上下两段，上段为竖刻，两行，内容为“建武十一年□月□日官造□/遣匠师专治□□〔积临水〕水口”。下段位于上段右下方20厘米处，也为竖刻两行，内容为“时遣石匠□〔赤〕□〔知〕石师千人”。两段字迹一样，同为隶书，出于一人之手。建武十一年当为东汉建武十一年，这是一个很重要的发现，证明远在汉代，黄河漕运已经成为我国交通运输的干线。可惜题记字迹斑驳漫漶，从栈道返回，我即找张先生谈了调查收获，留下题记照片和拓片，请他最后把关鉴定，是否汉人题刻。几日过去，张先生转给我一封信，写道：书为汉隶，是东汉题记无疑，与《汉建武中元蜀郡何君阁道碑》和《武梁祠画像石》上所见“遣”“造”“武”“师”等字比较，字形一致，从书法角度指出汉代笔画的共同特征。张先生的论证坚定了我们的认识。恰巧第二年北京大学建校百年纪念，举办了隆重的国际会议，邀请我参加，我们就写了黄河栈道调查研究，汉代题记是其中重要部分。论文交上，因属交通考古，内容丰富，规模较大，得到会议认可和大会表扬。会议还没结束，杨泓先生就代表《文物》编辑部和我谈，希望该文在《文物》发表。我们在文章注解中，专门致谢张先生的帮助。

1999 年夏，太原发现虞弘墓，我带着照片去张先生家里，张先生翻阅石椁图像和墓志照片，惊喜连连，说他已发现突厥等民族隋唐时在山西活动频繁，还写过“索达干”的考证文章，虞弘是粟特人，更证明山西古代是民族融合的重要地区。嘱咐我务必深入研究。随后宿白先生率队，来太原专门检查虞弘墓工地，并在省文物局与张先生座谈，都认为虞弘墓资料难得，希望尽早完成考古报告。

2003 年春，我领队在大同操场城发掘北魏一号宫殿建筑遗址，正值“非典”期间，工地实行封闭式管理。这个遗址非常重要，是大同发现的第一个北魏皇家宫殿遗址，是研究平城布局和历史的珍贵资料。发掘比较顺利，虽然中间和甲方发生过争执，却始终没有停止发掘。几个月时间过去，一个长 35 米、宽 25 米、前后有三条踏道的北魏皇宫遗址终于出世。大喜过后，还有小喜，工地结束扫尾时，出土一枚铜质小玺，已残缺，长宽各 1 厘米，高 1.5 厘米，阳文篆字，大概属东周印章，经过两千多年侵蚀，玺文模糊不清，现场的考古队成员无人能够辨读。我便将这枚小玺送回单位，请张先生慢慢观察。他很感兴趣，拿着铜玺反复查看，答应清洗后帮我考订玺文。几天后，张先生通知我去，当面交还印章，还特意写了一篇简明扼要的玺文考证，并用他的上好印泥，将玺文印在雪白的细宣纸上，白纸红字，字迹格外清晰。经张先生考证，小玺主人姓成名迈，并说："今大同一带如浑源、灵丘、广灵等地在先秦皆为代国、赵国大邑所在，地望线索非常清楚，故此地出土先秦器物不足为怪。"铜玺被发现之前，工地汉代灰坑曾出土过三种战国瓦当残片，我很纳闷，汉代灰坑出现战国瓦当，是传承还是偶然？如今有这枚战国印玺和战国瓦当互证，再联系周围战国墓地，说明此地在战国时期比较繁华。我脑洞大开，作出一个大胆推测，即尽管史书无载，实际上早在战国，平城已经出现于塞北，苦苦寻找的汉代平城就坐落于战国平城遗址之上，也因如此，在汉代平城遗址发现战国器物，自然顺理成章。今后探索早期平城历史，可将视野越过汉代，延伸至东周时期。次年我们把发掘报告送《考古学报》，并建议编辑部将张先生考证文章单独成篇，与报告同刊发表，既增加了报告的权威性，也为报告增色不少。

1996年，张先生赠送我一幅墨宝，是一横幅，上书“积健为雄”四个擘窠大字。字佳意深，我非常喜欢，装裱后悬挂书房正壁，工作之余，就欣赏一会。我喜欢此横幅是有历史原因的，因为早在八十年代，舍亲给我写过一幅字，也是横幅，上书“积微聚细”，我曾悬挂很久。张先生这幅字和我原来那幅字，意境相契，有异曲同工之妙，都指学贵有恒，不问收获，只管耕耘的勤勉之道。

在学术研究领域，张先生始终是年轻学人的榜样，勤学苦读，笔耕不辍。退休之后，也不曾放弃科研。每次看望他，他都在忙工作，或查寻资料，或给出版社审稿，或给学生上课。年至耄耋，依然在家置一块黄色水牌，记上感兴趣的内容，强记硬背。有一次，见他在水牌上写着《史记·乐书》的内容，问他这是要做什么？他回答，《史记》基本背住了，就是乐律还记不住。我俩平时谈话内容，皆是围绕学术问题和做学问方法展开，听他不紧不慢，娓娓道来，真如品酌美酒，产生无穷乐趣。

他喜谈学术，滔滔不绝，然涉及人，立即缄默无言。我听王建先生数次讲过，他俩在“文革”住“牛棚”期间，遭到批斗、殴打等非人待遇，辱骂更是家常便饭，被逼着每天清扫院内垃圾，上厕所都有人监视。不知为什么，他从来不谈论“文革”的人和事，也不议论他人长短。后来阅读韩石山兄著的《张颔传》才知道，“文革”中他受尽苦难，不堪回首，乃至不愿提起。在我看来，他具有古代士人的风骨和品格，外圆内方，既有傲骨，充满自信，又随和儒雅。我在考古所多年，从未风闻他拉帮结派，搞朋党团伙。2008 年汶川地震，他听到职工捐款消息，一次性捐出一个月工资，全所职工钦佩万分。我敬重他，一半因他学问高深，一半是他品德高尚。

最后几年，他的身体每况愈下，最为明显的，是记忆力衰退。年甚一年，令人担忧。2017 年元月 18 日晚上，我刚从德国开会返并，忽然在微信上看到张先生去世的讣告，大为震惊。当夜辗转反侧，草就一副挽联，敬献先生。

时光飞逝，先生离开我们已经三年，在他诞辰一百周年之际，大家纪念他、追思他，是因他给山西文物事业做出的巨大贡献。他从 1958 年建所，陆续培养人才、引进人才、规划方向，耗费巨大精力，奠定了山西考古的地位和队伍。山西考古队伍从无到有，从弱到强，厥功至伟。二十世纪六十年代，他还一度主持侯马晋国遗址的考古工作，参与制定了全国考古工地规则。科研方面，他研究了山西许多重要出土文物，解读了文物的内涵和价值，得到全国学界公认和好评。他治学广泛、功底深厚，文章以考证为主，层层递进，逐步深入，逻辑清晰。他的治学范围，以先秦为主、下及明清，包括一些特殊领域，如对地方史、手工业都有相当研究，可说是天文地理、文字器物、外来民族，无所不及。尊称张老，实至名归。

总之，鉴于他为山西文物考古事业做出的巨大贡献，在他生前，我就和崇宁私下商量，他的塑像应该永远安放于所里大厅，以便大家致敬和瞻仰。既有感恩前人种树、后人乘凉之心，也有激励年轻学者后来居上的意义。没想到直至我退休，还请崇宁跑过，最终没有办成，令人扼腕叹息。

最后，采用我三年前写的挽联作为本文结尾，挽联虽说是班门弄斧，不免贻笑大方，却表达了我对张先生一生学术成就的敬仰之心：

考古治学，勘鼎篆，训戈铭，《古币文编》泽三晋；
金石证史，析誓约，推历朔，《侯马盟书》记春秋。

本文原载《绵瓞集——张颔先生100周年诞辰纪念文集》，三晋出版社，2020年

《文物季刊》编辑部的故事

我是1991年底由山西大学历史系调入山西省文物局的，刚来就被分配到文物季刊编辑部，同时局领导告诉我，文物季刊主编是王建先生，我来任副主编。1992年元旦过后，我到文物季刊编辑部上班。当时编辑部仅有王建先生、张忠良先生和米武军先生。我与张忠良先生以前就熟，他是我的系友，也是我的师兄。但是我与王建先生不熟。我仅知道他是全国著名的考古学家，在旧石器研究领域做出卓越成就，担任过山西省考古研究所主持工作的副所长。在记忆里，我就见过他一次，那是1983年，我们参加朔州汉墓全省考古发掘大会战，春夏之交，他曾去工地检查工作，我在那里见到了他，高大魁梧，面带笑容，有一股子领导的威严，穿一身蓝色中山服，走起路来大步流星，说话很干脆，带有五台原平口音，后来与他成为编辑部同事后才知道，他实际上是原平人。

我到编辑部，首先找他报到。他的办公室和编辑部不在一起，单独在考古所二楼。办公室挺大，有两张桌子，一张旧的大桌子他用，一张小桌子王益人用，靠墙是一溜旧式带门大书柜。尽管10年没见，感到他还是老样子，就是笑容多了，增添许多白发，身体还是和从前一样硬朗。他热情招呼我坐下，表态欢迎我调过来工作，然后仔细询问我的情况。然后介绍了《文物季刊》办刊的缘起。文物季刊的前身是内部发行的《山西文物》，主编原是由原山西省文物局副局长、山西考古所第一任所长张颔先生兼任，1989年至1990年一共出了3期。省文物局张希舜局长找他谈话，说山西是文物大省，必须有一个文物考古的专业期刊，省文物局党组同意张颔先生的请辞，由他兼任主编。并向省新闻出版局申请正式期刊号，办一份专业的文物考古期刊对外发行。由于经费等方面的原因，每年4期，定名为《文物季刊》。

王建先生才过60，学问好，有开拓精神，由他担任主编，是一个很好的选择。他对我说，他接手主编后，正为编辑部人手紧张犯愁，我到编辑部可解燃眉之急。

王建先生豪爽热情，毫无架子，平易近人，一小会儿，我们已经无所不谈。我请教他刊物面临的问题，他说主要是如何保证按时间保质量出版。以前虽名文物季刊，但是由于人手、稿源、经费等原因，做不到每季一刊。他这次担任主编，就是要解决这个问题。王建先生是我省仅次于张颔先生的考古专家，曾跟随裴文中、贾兰坡等院士长期工作，早在1962年，就与贾兰坡、王择义先生合著出版了中国科学院古脊椎动物与古人类研究所甲种专刊第五号《匼河》，这本科学专著首次披露了山西西南部旧石器时代初期文化遗址，轰动学术界。同年，他又发掘了芮城县风陵渡镇以北约7公里的西侯度遗址，这是一处旧石器时代早期遗址。西侯度遗址发现的意义十分重大。首先，在考古学上，西侯度遗址的发现改变了长期以来“中国猿人是人类最早祖先”的认识。其次，它是中国大地上的第一个被发现的属于早更新世初期的古文化遗址，将中国人类演化的历史提前了100多万年。随后，他与贾兰坡先生合著出版了《西侯度——山西更新世早期古文化遗址》。“文化大革命”期间他与张颔先生受到了很大的冲击，1973年以后，他再次回到工作岗位，在下川遗址、丁村遗址做了大量工作，取得了令人瞩目的成果。担任省考古所副所长主持工作期间，王建先生全身心扑在考古所的初创中，在人才引进、学科建设等方面打下了一个坚实的基础。由这样一位学术威望极高的学者担任主编，局里可谓善于用人。

王建先生是一位非常健谈的人，初次见面，就谈了约3个小时。多数内容是围绕如何把文物季刊办成一个有特色的文物刊物。具体谈到封面设计、开本、内容、稿源、发行等，几乎把编辑部该做的事情都谈到了。可以看出来，他是一个认真负责，又有水平的主编，对如何办刊物早已深思熟虑、有了大致想法。

随后两天，他又和我谈了两次，大致拟订了刊物的方向。总体而言，要想办一个有特色高质量的学术刊物，必须打破当时学术刊物的条条框框，敢于创新，走出一条文物刊物的新路子。具体做法方面有：

一是刊物的宗旨，开宗明义，该刊物主要刊发文物科研文章，办成一个为文物研究的学术刊物。

二是所用稿件以山西文物稿件为主，除了为山西文物积累资料外，还要兼顾通过发表稿件、培养山西的文物科研队伍；但其他省区有关文物科研的好稿件也要发表，做到立足山西，面向全国，加强交流。

三是刊物所发科研文章，以国内学者的科研文章为主，但是也发国外学者文章和专业译文，已引进国外不同学术观点和新方法新思路，促进国内学者的思考，提高考古发掘研究水平。

四是刊物所发科研文章，以田野调查报告特别是考古发掘报告优先，同时也发文物研究文章，允许文明善意的学术争论，争取百花齐放。

五是本刊结合山西的科研人员力量分布，决定以考古文章为主，同时注意到我省为古建大省，欢迎和引导刊发古建筑研究或修建报告。对于馆藏文物，也欢迎有关研究文章。

六是本刊一定坚持质量为主的原则，文章只看质量，不论字数。一千字的短文也可，数万字的大论文也行。在当时，绝大多数刊物都给来稿限定字数，我们第一个不限字数，只论质量，每期都有上万字的文章，多的达到四五万字，学术界独此一家；我们还商定，扩大稿源，只要与文物有关的研究文章都要，包括古文字研究论文、介绍国外新发现、新方法、新理论的译文等。这些举措，在当时都属于创新，两期下来，就收到很好的评价和反响。

他让我把所聊内容整理出来，约稿方面，分为八条，刊登在文物季刊封底，作为稿约。如下：

《文物季刊》是山西省文物局主办的文物考古综合性学术期刊。本刊热忱欢迎海内外文物工作者投寄下述内容的稿件：

（一）古文化遗址、古城址、古窑址、古墓葬等方面的调查、清理、发掘和研究。

（二）古代建筑及其附属文物的调查、维修、保护和研究。

（三）石窟造像、雕塑、碑碣、墓志的介绍和研究。

（四）有关古文字、古货币、古瓷器、古字画、青铜器等的介绍、鉴定和研究。

（五）博物馆陈列展览和馆藏文物的介绍和研究。

（六）革命文物的介绍和研究。

（七）重点文物保护单位的介绍和研究。

（八）反映国外文物考古研究的新方法和国外文物考古的研究成果、重要活动的译文及论文。

另外，对如何走出去约稿，怎样给稿酬，都有不落俗套的新规定。如尽管当时办刊经费极端紧张，吃了上顿没下顿，工资也不保证，但还是规定，要想吸引好文章，一定要尊重知识和智力劳动成果，大幅度提高稿酬。千字15元至40元，在20年前，这恐怕是全国学术刊物中的最高稿酬。记得有一次，季刊发了祁英涛先生一篇遗稿，发稿酬时，王建先生对我说，此人对山西古建贡献很大，永乐宫就是他主持设计搬迁的，五台山南禅寺也是他主持复原的。人好，稿件也好，他不在了，家里困难，应该发给最高稿酬。于是我们按千字40元给他家发了稿酬。

在他的主持下，编辑部进步很快，首先达到每季如期出版的预期目标，随后又广开稿源，狠抓质量，外界评价与日俱增，宿白、徐苹芳、张忠培、俞伟超诸先生都给予充分肯定和很高评价，出色完成局里当初交给的任务，当年就被评为省优秀刊物，次年又被评为一级刊物。

之所以取得这样的成绩，还有一个重要原因，就是编辑部在王建先生领导下，团结很好，当时的编辑还有张忠良和米武军，张忠良是师兄，为人忠厚，硬笔书法极好，特别是楷体，季刊收到的古文字研究论文，因印刷厂无法制作甲骨文、金文的铅字，这些稿件都靠他一笔一画手写出来，造像排版，他的字清秀整洁，就像馆阁体，和铅字稿排在一起，不仅毫无逊色，反而使版面看起来更加生动有趣。米武军比我年轻许多，山西大学中文系毕业的优秀生，善良朴实，基础很好，工作勤奋，从不言累。每次修改稿件、校对稿件，都是极其认真，一丝不苟。编辑部红火兴旺，人见人夸，与团结合作是分不开的。

编辑部有6个名额，但是当时我们仅占了3个，还有3个指标，稿源广进，编辑任务更加繁重，确实需要增加人手。他让我在外面物色人选。当时赵曙光正在太原市文管会下属单位工作，他是山西大学考古专业82级学生，学习委员，热爱专业，一毕业就参加了云冈石窟遗址的调查和发掘，并很快出了发掘简报。于是我向他推荐。他马上邀约赵曙光谈话，非常满意，立即让我帮他办理调动手续。随后，编辑部又考察了山西大学刚毕业的梁育军，把梁育军要进来。加上这两位生力军，编辑部如虎添翼，除了如期出版季刊外，还帮助考古所编辑出版了《山西考古六十年》《汾河湾——丁村文化与晋文化学术讨论会文集》《山西考古学会论文集》《晋文化考古》等书。

王建先生生活很简朴，有一次我们出差到北京，为了给编辑部节省开支，他建议我们住中科院古脊椎所地下招待所，一住就是五六天，每天到专给出租车司机卖饭的地摊上买盒饭吃。晚饭特殊些，每人喝二两二锅头酒。为了给季刊找一家质优价廉的印刷厂，他叫着我到介休、运城等地考察了几家印刷厂，最后决定在运城印刷。考察期间，可以坐卧铺，但是他提议节省开支，改坐普通座。现在回想起来，我俩坐在列车上，对面而坐，边看窗外风景边聊学术或文物局老人旧事的情景都是历历在目。

他对我讲到“文革”中遭遇，住“牛棚”，打扫卫生，他都不畏惧，最受不了的是人身侮辱，为了抗议，为离开那群侮辱他的人，一天，利用上厕所之际，他用刀片划开手腕动脉，幸亏被发现得早，他被送到医院急救。但是从此以后，那些人不敢再侮辱他。

王建先生博闻强记，有一次，我俩谈到汉武帝事，他忽然问我，是否熟悉汉武帝的钩弋夫人，我答比较熟悉，那是汉武帝宠妃。他又问是否熟悉李夫人拒绝见汉武帝的那段名言，不待我回答，他张口就背出《汉书·外戚李夫人传》的“夫以色事人者，色衰而爱弛，爱弛则恩绝”。令我诧异的是，他的专业是旧石器考古，却对《汉书》如此熟悉。问他缘故，他告我，是年轻时记下来的。

他还告诉我，他喜欢书，省文物局资料室收藏的傅增湘藏书，就是他力主去北京买回来的，来回跑了几次，费了大劲。

往事如烟，随风飘散，不知不觉，20 多年已经过去，王建先生已经驾鹤成仙，《文物季刊》早已更名为《文物世界》，我也早调到考古所工作。但是某些往事，却永远留在心底。与王建先生共事的旧景，经常浮现脑际，我也终身以此为幸。他的学术态度，治学方法，聊天之间，言传身教，点点滴滴，春雨润土，使我受益良多。

我永远怀念王建先生。

本文原载《珞珞集》，三晋出版社，2017 年

凤凰枝文丛

三升斋随笔	荣新江　著
八里桥畔论唐诗	薛天纬　著
跂予望之	刘跃进　著
潮打石城	程章灿　著
会心不远	高克勤　著
硬石岭曝言	王小盾　著
云鹿居漫笔	朱玉麒　著
老营房手记	孟宪实　著
读史杂评	孟彦弘　著
古典学术观澜集	刘　宁　著
龙沙论道集	刘　屹　著
春明卜邻集	史　睿　著
仰顾山房文稿	俞国林　著
马丁堂读书散记	姚崇新　著
远去的书香	苗怀明　著
汗室读书散记	王子今　著
西明堂散记	周伟洲　著
优游随笔	孙家洲　著
考古杂采	张庆捷　著
江安漫笔	霍　巍　著
简牍楼札记	张德芳　著

他乡甘露	沈卫荣　著
释名翼雅集	胡阿祥　著
壶兰轩杂录	游自勇　著
己亥随笔	顾　农　著
茗花斋杂组	王星琦　著
远去的星光	李　庆　著
梦雨轩随笔	曹　旭　著
半江楼随笔	张宏生　著
燕园师恩录	王景琳　著
鼓箦斋学术随笔	范子烨　著
纸上春台	潘建国　著
友于书斋漫录	王华宝　著
五库斋清史存识	何龄修　著
蜗室古今谈	丰家骅　著
平坡遵道集	李华瑞　著
竹外集	朱天曙　著
海外嫏嬛录	卞东波　著
耕读经史	顾　涛　著